みんなが知らない"裁判ギョーカイ"ウラ話

大河原眞美

清流出版

第1章 「裁判官」ってどんな人？

第2章

「検察官」ってどんな人？

第3章 「弁護士」ってどんな人？

第4章　「裁判員」に選ばれたら？

はじめに

日本で初めて裁判員が参加した裁判員裁判が行なわれてから、一年になります。法言語学の分野から見た「裁判で使われる用語」のおもしろさに気づき、いわゆる〝裁判ギョーカイ〟の人たちとのお付き合いがはじまって早六年。とくに「裁判官」「検察官」「弁護士」といえば「エリート」「お堅い」などのイメージが先行していましたが、一般人にとってなじみの薄い人たちとのやりとりは、意外にも刺激的なことに満ち満ちていました。

彼らの法廷にまつわる「言葉遣い」や言動に、何度疑問を感じたり、絶句したことか！　でも、それはお付き合いを深めていくうちに、また〝裁判ギョーカイ〟について勉強していくうちに、それぞれの世界では当たり前のことであったり、さまざまな歴史を踏んでの慣習であったりすることに気づいたのです。

その一方で、エリートコースを歩んできた彼らが「今求められていること」を瞬時に理解し、その頭脳と行動力を駆使して任務にまい進している姿勢に、舌を巻き、尊敬の念を抱いたこともしばしばです。「飛びぬけた才能」を存分に発揮しながら、ときに「一般常識から脱した言動」をするアンバランスの妙を、法曹界には身をおいていない私がご紹介したいと思ったのが、この本づくりのきっかけです。

　私は法言語学を専門とする立場から法曹の世界と関わりがあるものの、法律の専門家ではないので、裁判ギョーカイの方たちとは異なる土俵におります。つまり、法曹界のどなたとも利害の発生する関係ではないため、自らの感じたままに書くことができました。そして外側の世界から客観的に、かつヤジ馬的に見られたように思います。

　ギョーカイの方たちからすれば、私が同業者ではないという気安さもあってか、ときには内輪話やホンネの部分まで打ち明けてくれます。そして一般市民として抱いた素朴な疑問にも、法律の素人でもわかるよう懇切丁寧に教えてくださいました。

　本の構成は、「裁判官」「検察官」「弁護士」それぞれについて、仕事ぶり、私生活と、エリートといわれる彼らの弱点に至るまでふれました。また最後の章では「裁判員裁判」について、しくみと流れについてわかりやすくまとめました。それからコラムでは、「裁判で使われるヘンテコな言葉」や「ギョーカイのヘンだなと思ったこと」をおもしろおかしく紹介したつもりです。興味のないところは読み飛ばしていただいてかまいません。どうぞ、興味のあるページからお読みください。

第1章

「裁判官」ってどんな人?

このあとは
判決書かなきゃ。
ハァ
あーあ、忙しいなぁ、
旅行とかしたいなぁ、
温泉でもいいなぁ…

1 裁判官は雲上人？

裁判員裁判制度をきっかけに、裁判官や検察官、弁護士と呼ばれる人たちに対して「あの人たちって、どんな人？」と思ったことはありませんか。唯一、私たちが接点をもつとすれば、法的な手続きや身近なもめごとを弁護士に相談するくらいがせいぜい。一般市民のほとんどが、「裁判」や「法曹界《ほうそうかい》」とはまったく無縁なまま過ごしているため、裁判官を判事《はんじ》と呼ぶことだって「いわれてみれば、そうかも」くらいの認識だと思います。

じゃあ、裁判官のイメージってどんなかんじでしょうか。まじめで無口、怒りも笑いも表情に表わさず、どこか近寄りがたい？　神のように審判を下す〝雲上人〟とのイメージがあるのでは？　なにせ私たちが目にする裁判官といえば、公判前に能面のような顔つきで写真撮影されたあの姿だけですから。

では、法廷ビトの横顔や意外と知られていないホンネの部分などを〝のぞき見〟感覚でご紹介することにいたしましょう。まずは裁判官から。ギョーカイを知れば、法廷がグッと身近なものになるかもしれませんよ。

人は見かけだけじゃわからない

あの人が裁判官か…
怖そうだし、近寄りがたい感じがするけど
でも実際はけっこうやさしかったり？
裁判員のみなさん、疲れていませんか？
食事はどうしますか？
にこにこ
1ばーん 2ばーん サイばーん！
なんつって
ただのオヤジだったりして？
人間だからウラの顔もあるはずだけど
なぜ、そのようなことをしたのですか？
魔がさしました
法廷ではやっぱり近寄りがたいぞ

法廷コトバの豆知識

『判事《はんじ》・判事補《はんじほ》』

判事、判事補とは、裁判官の職名。**判事**とは、10年以上経験のある裁判官をさします。10年未満の裁判官は**判事補**といわれ、そのなかで5年以上経験している裁判官は**特例《とくれい》判事補**、5年未満だと**未特例《みとくれい》判事補**として区別されています。

2 司法試験に合格しても なれるとは限らない！

裁判官や検察官、弁護士の仕事につくには、原則として司法試験に合格しなければなりません。これまでの司法試験というのが超最難関！　日本で一番難しい試験といわれ、法科大学院制度が導入される平成16年までは、当時4万人くらいの受験者に対して合格するのは1000人くらいでした（後述しますが、現在は変わっています）。合格率が平均3パーセントほどのものすごく狭き門で、少ない年度だと合格者が500人に満たないときもあったんです。

つまり現在、裁判官や検察官、弁護士としてバリバリに活躍している方たちは、その難しい司法試験をパスした秀才ぞろいといってもいいでしょう。

裁判官は司法試験を通ったというだけではなれません。狭き門の司法試験を難なくクリアし、**司法修習**《しほうしゅうしゅう》*の成績も優秀だった人がほとんどです。ギリギリの成績でやっと司法試験に合格した人はまずいないということですね。司法試験と**司法修習考試**《しほうしゅうしゅうこうし》*に合格したら、どの人も弁護士にはなれますが、裁判官は手を挙げてなれるものではないようです。

＊
司法修習とは、司法試験に合格した人たちが、刑事裁判修習、民事裁判修習、検察修習、弁護修習などの研修を受ける実務訓練のことです。修習期間は平成10年までは2年間でしたが、今は短くなって1年間です。以前は月給も出ましたが、平成22年採用の修習生からは無給になっています。

＊
司法修習考試とは、司法修習後の卒業試験のことです。この試験に通った人が裁判官や検察官、弁護士になる資格を得られます。以前は不合格の人などほとんどいませんでしたが、最近では司法試験の合格者でも最終的に7パーセントくらいの不合格者が出ています。

裁判官を志望する人は最高裁判所の人事課に任官希望を出しますが、「私、タカラジェンヌになりたいんです！」と熱望してもそう簡単には入団できないように、裁判官も成績優秀なだけでなく、総合的な適正チェックのうえで選ばれます。

公平な考え方ができる人で、すべてにバランスのとれた人物が採用されるのです。

例えば、思想的に右寄り左寄りといった人は、公正な裁判ができないでしょう。

裁判官は国家公務員ですが、国家公務員法の適用は受けません。国家公務員特別職として、司法権を独立させるため**人事院**《じんじいん》*からも独立しているのです。法を守るためには国であれ政治家であれ、誰の指図も受けないという立場ですね。

裁判員裁判の法廷で中央に座っているのが**裁判長**。たくさんの経験を積んだ判事で50代くらいの人がほとんどです。

左陪席《ひだりばいせき》といわれる裁判官はキャリア5年未満の未特例判事補（11ページ）で、まだ完全に一人前とはみなされていない人たち。補佐的な仕事をしながら鍛えられているまっ最中です。ただし、左陪席といっても傍聴席から見て左ではなく、偉い裁判長から見て左という位置関係。くれぐれもお間違えのないように。

右陪席《みぎばいせき》の裁判官はキャリア5年以上の特例判事補や10年以上の判事です。法廷では左陪席の裁判官がよく質問するのに対し、右陪席の裁判官は一歩引いた立場で裁判のゆくえを見守っているかんじでしょうか。経験の浅い左陪席を指導しながら、同時に**単独事件***も担当しているため、さまざまな仕事をテキパキとこなしていきます。

＊
人事院は内閣の所轄下にあって、国家公務員の採用や人事、給与、勤務条件の改善などの事務を行なう独立した行政機関です。

＊
単独事件とは、比較的量刑の軽い裁判を裁判官１人で行なうこと。**合議事件**は殺人や放火などの重大事件を３人の裁判官が審理します。

3 裁判官のお仕事って?

もちろん法廷で裁判をすることが主たるお仕事なのですが、実際にどんなことをしているのかはよくわかりませんよね。

裁判所には、簡易裁判所、家庭裁判所、地方裁判所、高等裁判所、最高裁判所があり、新人のうちは大きな裁判所で先輩の仕事を見ながら経験を積みます。

女性の裁判官も全体の15パーセントくらいいて、平成21年に新しく採用された判事補の割合で見ると、採用人数99人のうち、3分の1に当たる33人が女性でした。

裁判官は24時間営業の警察からいつなんどき**逮捕状***が請求されてもいいように、当直もあります。家庭をもつ女性裁判官には配偶者の理解と協力が不可欠ですね。

地方裁判所には、刑事事件を担当する「**刑事部**《けいじぶ》」と民事事件を扱う「**民事部**《みんじぶ》」とがあり、裁判官は転勤によって民事部や刑事部の配属が決まります。裁判官の経歴が紹介されるときはよく「民事が長い」「刑事が長い」といわれるので、ある程度の専門分野はあるようです。

裁判官に人気があるのは民事部。ある裁判官によれば「裁判官になる人は理屈好き

*
逮捕の種類は3種類。警察が裁判所に逮捕の理由を述べて、裁判官が発行した逮捕状をもって逮捕するのが**通常逮捕**。逮捕状がなくても逮捕できるのは、**現行犯逮捕**と**緊急逮捕**の場合です。

が多く、お金のからむ民事事件は理屈で片付くから志望者が多い」のだとか。かたや刑事事件は、量刑などに悩むことが多いため人気が今ひとつなのかもしれません。

裁判官は常に民事事件だと平均１００～２００件、刑事事件なら50件くらいは抱えているといわれています。毎月新しい事件が数十件きますから、これはどんどんこなしていくしかない。連日、山のような記録とにらめっこしながら裁判の準備をし、複雑な事件は悩みながら判決文を書くといいます。

単独事件（13ページ）の裁判は自分1人で決断しなければいけないため、重責もいっそう。よく批判された「裁判の長期化」も無理からぬ話です。

裁判のない日は裁判の資料を読みこみ、これまでの判例を調べるなど、日々書類と格闘しています。裁判の内容によっては科学的な論文内容を読む必要があったり、医学や医療問題の専門的知識も知っておかなくてはならないんです。

裁判所の図書室にない書物や文献は、自腹で購入することもあります。弁護士は書物の購入費を必要経費で落とせますが、裁判官は自腹！　自宅に仕事を持ち帰って夜中にこなすことも多く、とにかく超忙しい毎日を送っているのが現実です。

最近は裁判員制度の導入により、その準備や広報活動にかなりの時間をとられています。それでますます多忙になって、本来すべきことに専念できない辛さがあるとか。そういえば、忙しすぎて過労で亡くなられた裁判官もいましたよね。合掌……。

法廷
コトバ
の豆知識

『いろいろな裁判の呼び方』

刑事裁判《けいじさいばん》は刑法に触れる犯罪の処罰を決める裁判です。刑事裁判の一審とは、最初に審判される地方裁判所での裁判。二審は高等裁判所（高裁）、三審は最高裁判所（最高裁）での裁判です。法廷で行なわれる審理《しんり》を公判《こうはん》と呼びます。民《みん》事《じ》裁判は個人と個人（または組織）間のもめごとを解決する裁判です。法廷で行なわれる審理は公判といわず口頭弁論《こうとうべんろん》と呼びます。行政裁判《ぎょうせいさいばん》は個人（または組織）と行政機関との裁判です。

『控訴《こうそ》・上告《じょうこく》・上訴《じょうそ》』

一審の地裁判決を不服として二審を高裁に求めることを控訴、三審を最高裁に求めることを上告といいます。そして控訴と上告などを合わせて上訴といわれます。高裁での二審を控訴審、最高裁での三審を上告審ともいいます。

『起訴状《きそじょう》・公訴事実《こうそじじつ》』

起訴状には、公訴事実（検察官が裁判を求める事件の要点）が書かれています。控訴と間違えやすいのですが、起訴状に書かれているのは〝公訴〟事実。また〝事実〟とはいえ、絶対の〝真実〟とは限りません。詳しくは144ページをごらんください。

『被疑者《ひぎしゃ》・容疑者《ようぎしゃ》』

被疑者は、犯罪の嫌疑を受け、捜査の対象となっているけれど、まだ起訴されていない人のことです。マスコミではよく容疑者と呼ばれますが、法律にはあまり出てきません。法律でいう容疑者とは、出入国管理法などに違反した外国人のことなんですよ。

『被告人《ひこくにん》・被告《ひこく》・原告《げんこく》』

被疑者が起訴され刑事裁判にかけられると、被告人という呼び方に変わります。被告とは民事裁判で訴えられたほうの呼ばれ方。刑事裁判では、「被告人」と〝人〟をつけます。でも、新聞では「被告」と書かれるようです。民事裁判を訴える側は原告と呼ばれ、これは誰も「原告人」とはいいませんけど……。

『前科《ぜんか》・前歴《ぜんれき》』

前科も前歴も、市民は「前にも悪いことをした人」と同じ印象をもつかもしれません。でもちょっと違うんです。過去に刑務所に入ったことがあるか、執行《しっこう》猶予《ゆうよ》つきの刑が科せられると「前科あり」とされます。証拠が不十分だったりして裁判にはかけられなかったものの、犯罪の嫌疑があった人は「前歴あり」となります。履歴書に書く「前歴」とはあまりに違いすぎますよね！

4 日本の裁判は99パーセント「有罪判決」！

ちょっとここで刑事裁判のことにもふれておきます。裁判の流れについては第4章で述べますが、そもそも裁判にかけるかどうかを〝誰が〟決めているのでしょう？

そのあたり、刑事裁判の「**起訴**《きそ》」「**不起訴**《ふきそ》」についてご説明します。

犯罪を行なった人に対して、刑事裁判にかけることを**起訴**といいます。起訴とは、検察官が裁判所に対して「この人はこんな悪いことをしたので、法廷で刑罰を審理してほしい」と裁判を請求すること。つまり、起訴するかどうかを決めるのは、検察官です。検察官が事件を調べた結果、犯人が**心神喪失**《しんしんそうしつ》（153ページ）などで罪を科せられないときや、犯罪を証明できる証拠が不十分なとき、裁判にかけても有罪にならないと判断した場合は起訴しません。有罪になると確信のもてる事件だけが裁判にかけられるのです。

日本の裁判が「99パーセント有罪判決」といわれるのは、検察が「裁判で有罪にできるだろうか」と、じっくり調べてから起訴するため。ちょっとでも自信がなければ裁判にはかけません。不合格になりそうな学校は受験せず、合格確実の学校しか受けなければ、99パーセントの確率で合格します。そんなかんじですね。

検察官の調べた結果、嫌疑が不十分で裁判を求めないことを**不起訴**といいます。裁判にかけるかどうかは検察官が判断し決めることで、いくら犯人が「自分を裁判にかけてくれ」と主張しても裁判は開かれないのです。

ただ、市民感情として「なぜあの人を裁判にかけないんだろう」という事件もあります。それで、「この事件を不起訴にするのはマズイんじゃないか？」と市民が検証する仕組みがあり、それが**検察審査会**《けんさつしんさかい》。地方裁判所とその支部ごとに選挙人名簿から選ばれた市民11人が、起訴の権限を独占してきた検察に対して「これは起訴すべきだ」といえるのです。今この検察審査会についても注目が集まっています（65ページ）。

法廷コトバの豆知識

『起訴猶予《きそゆうよ》・処分保留《しょぶんほりゅう》・嫌疑不十分《けんぎふじゅうぶん》』

どれも**不起訴**にすることですが、検察官が起訴しない（裁判にかけない）理由はいくつかあります。そのなかで、「処罰するほどの重い罪というわけではないな。今回は大目にみてやろう」と判断したときは**起訴猶予処分**。「確実な証拠が揃っていないから、有罪判決はまず無理かも」といった場合は、**嫌疑不十分**。被疑者が重病だったり、また、起訴しても有罪にする自信がないときは**処分保留**となります。

5 総理大臣と同等のお給料!?

衆議院議員総選挙の投票所では、政治家を選ぶ用紙のほかに「最高裁判所裁判官の国民審査」の用紙も渡されます。これは国民が最高裁の裁判官の誰かを罷免《ひめん》するかどうか、審査するというもの。「こんな知らない人たちの名前を見ただけで審査なんかできなーい！」と感じたこともあるのではないでしょうか。

最高裁判所の裁判官は、長官一人と判事を合わせて15人。裁判官出身者だけでなく、大学法学部の教授や弁護士、検察官などからも任命されます。

最高裁の判決は多数決で決めますが、各裁判官の個別意見をふくむ評議の内容は新聞や最高裁のホームページの判例集からうかがえます。そこから「あの判事は、この判決に反対していたんだな」と国民にもわかります。国民審査はその個別意見を参考に「最高裁判事として、ふさわしいかどうか」を問うもの。裁判員裁判が注目されるにつれ、最高裁の判決にも国民の関心度が増すかもしれませんね。

最高裁には、年間1万件以上もの新しい案件がきます。つまり、高等裁判所の判決に対して上告したものです。それをたった15人で裁きされるか、って？

そうなんです。そこで活躍するのが最高裁の裁判所調査官《さいばんしょちょうさかん》といわれる人たち。地裁や高裁の調査官は裁判所の職員ですが、最高裁だけは裁判官が調査官を務めます。しかも、裁判官のなかでもとくに優秀な裁判官が任命された、エリート中の超エリート裁判官！　いわゆる出世頭ですね。

表向きは判事の補佐役的立場にありますが、実際はこの人たちがまず記録を精査して、ゆくえを判断するケースが多いといわれています。「最高裁で取り上げる必要なし」と判断するのも調査官の段階で行なわれるようです。縁の下の力持ちといったところか、影の将軍なのか、よくわかりませんが。

最高裁長官ともなれば、お給料も総理大臣とほとんど同じ。発表によれば、平成21年冬のボーナスは５５８万円だったそうで、年収は約３０００万円。最高裁判事もほぼ同じです。それだけに重責も担っているということでしょう。

ただ、これは小耳にはさんだ話ですが、バリバリに稼いでいた弁護士が最高裁の判事に任官されたときのこと。「この報酬では（弁護士をやっていた）前年の所得税を払えないから、持ち家の一軒を売るしかないかな」とぼやいていたとか！　そのくらい弁護士時代のほうが収入はあったということです。庶民はお口あんぐり。

それ以外の裁判官のお給料も気になるところです。裁判官のお給料は一般にも公開されていますが、判事補の初任給が月約23万円。判事になりたての月給は約53万円、裁判長クラスになると１００万円以上になります。これにボーナスを加えたら、判事は1000~2000万円くらいの年収です。

しかも、〝憲法〟のなかに在任中の裁判官のお給料は減額しないと書かれています。そんじょそこらの法令ではなく、国の憲法に!明記されているのです。裁判官は裁判の判決に責任をもち、身の危険も覚悟したうえで職務に臨んでいるため、そして何よりも公平な裁判を行なうために、国がその身分や報酬を保証しているのです。

しかし昨今の不況で、これから裁判官になる人のお給料は徐々に減額されるといわれています。最高裁判事の退職金も以前は平均約6000万円だったのが、平成18年からは約2000万円に減額されたそうですからね。そのうちに憲法も改正かな!?

能ある鷹は…?
僕の仕事?裁判所調査官でしてね
ハッハッハッ
いやいや~裏方の仕事ですから知らなくて当然ですよ
エリートオブエリート

はてなのコトバ

意味を聞いてアゼン！「頭がコンランしまくりコトバ」

法廷用語には、私たちのイメージとは〝マ逆〟のコトバが存在します。

——では、ここでクイズ！「自由刑《じゆうけい》って、どんな刑だと思いますか？」

自由な行動が許される軽めの刑？ それとも自由にさせることで犯罪者を苦しませる刑？ 正しくは身体の自由を剥奪する刑のこと。つまり、「自由がなくなる刑」のことで懲役《ちょうえき》、禁錮《きんこ》、拘留《こうりゅう》*の刑をさします。

——じゃあ「生命刑《せいめいけい》と言われたら、どういう刑を想像しますか？」

生命だけは守られる刑？ ってことは、死刑にはならないということ？……じゃないんです。生命刑とは、生命を奪う刑。つまり死刑をさします。

ややこしいでしょう。法律用語では「●●を奪う」という発想から作られた言葉が多いのです。ちなみに財産刑《ざいさんけい》は財産を奪う刑、つまり罰金などの刑をさします。法律用語以外では〝認知症〟という言葉も同じで、「認知に障害がある症状」の〝障害〟を患者さんへの配慮からをカットしたものです。……とすれば？

自由刑も生命刑も、受刑者の気持ちを配慮した言葉？ ……なわけないっか。

*
刑務所に入って、刑務作業を行なわなければならないのが**懲役**。**禁錮**は刑務所に拘束されても、作業は強制されません。**拘留**は禁錮と同じように拘束されますが、禁錮より期間が短く、30日未満です。勾留（28ページ）とは違いますから、くれぐれもご注意を！

6 転勤に泣く人、笑う人

司法試験に合格しても「転勤が多いから裁判官はいやだ」という人が多いように、裁判官は平均3～4年で転勤していきます。都市部の裁判所の次は地方へという具合に、本当にめまぐるしく転勤するので、ご家族もさぞかし大変かと思います。

事件の判決を出す前に転勤ということも珍しくなく、これまでは判決が出るまでに何年もかかる裁判もあったわけですから、まあ、当然といえば当然かもしれません。長く争われている民事裁判もそのたぐい。そんなときは、新しく転勤になった裁判官に引き継いで、「あとはよろしく～」とばかりに新任地へ行ってしまいます。

大変なのは、引き継ぎされた新任の裁判官。次回の裁判までに、大量の書類を調べておく必要があります。裁判官には勤務時間を定めた法令はなく、法廷や会議以外の仕事は自分でやりくりしなくてはなりません。ちなみに残業手当もないんですって。

さて、新しく赴任した裁判官は、引継ぎはするものの、やはり裁判も形式的な感じになりがちです。手抜きというよりは、それまでの経緯が今ひとつ掴めない部分もあるためでしょう。

といったことから、裁判官の転勤に期待をつなげる弁護士もいます。「あの裁判官はキビしい判決ばかり出す人だけど、そろそろ転勤になるはず。交代する裁判官にかけてみるか」と願う弁護士が少なくないとのこと。つまり、不利な判決を出しそうな裁判官だったら、証人尋問《しょうにんじんもん》などを増やして裁判を引き延ばし、次の裁判官の転勤を待つというやり方です。これはどこの世界にでもある〝勝負の駆け引き〟ですね。

もしかしたら裁判官も、時間のかかるやっかいな事件を担当したとき、「これは途中で転勤になって投げ出せるかもしれないな」なんて期待していたりして？

ただし裁判員裁判はほとんどが1週間以内で結審しますから、裁判を最後まで見届けることになります。それだけでも裁判員裁判は意義が大きいといえるでしょう。

よろこんでいる人はだ〜れ？

7 ベールに包まれたプライベート

例えば「あのおうちのご主人は弁護士さん」とか「お医者さん」などと聞くことはあっても、「あそこのご主人は裁判官」とは、あまり聞くことがありませんよね。たぶんご家族も「公務員です」としか言わない可能性もあり、身近にいないだけにその暮らしぶりもよくわからないと思います。そこで、ちょっとだけのぞき見！

法廷では厳格そうに見える裁判官も、家に戻るとフツーの人です。子どもと遊んだり、趣味のテニスや釣りなどを楽しむごく一般の家庭人です。

地裁の所長の官舎は、地方都市だと裁判所のそばにあることが多いもの。たいていは知事公舎などもある一等地で、敷地も相当広い！　それ以外の裁判官は裁判所の宿舎住まいが多く、転勤の多い裁判官にとって自宅通勤はあまり望めません。

そして所長クラスの判事になると、官舎と裁判所の往復には送迎車がつきます。

裁判官のお給料は一般的な公務員に比べるとかなり高い。判事になると、キャリア官僚と同程度かそれ以上です。とはいえ、ある弁護士にいわせると「裁判官はつましい暮らしをしている」とか。派手なことや目立つことを好まない人が多いので、そんなふうに見えるのでしょうか。

　裁判官にとって、やはり気をつけているのが私生活の行動です。小さな地方都市だと、訴訟裁判中の被告や原告とどこかで顔を合わせるかもしれません。食事をしたりお酒を飲みに行くお店も、怪しげなところは避けているようです。

　法廷用語を研究している私が、ちょっと気になるのは裁判官たちの日常生活での言葉遣い。法律家は法廷ではややこしい裁判用語を当たり前のように使っていますが……？

　例えば「１か月、２か月」のことを法廷では「一月（いちげつ）、二月（にげつ）」とヘンテコな言い方をするのですが、まさか家族には「一月（いちげつ）したら夏休みだなあ」とは言わないはず。

　だとすると、裁判官も日常語と法廷用語の違いに気づいているわけで、使い分けのたくみなバイリンガル？……なぁんちゃって！

おっ判事さん、ども！
えー誰知り合いー？
オレ、出所したっすよ
……

街でバッタリ!!

法廷
コトバ
の豆知識

『仮出場《かりしゅつじょう》・仮出獄《かりしゅつごく》・仮釈放《かりしゃくほう》・仮出所《かりしゅっしょ》』

刑事施設に拘留されていた人が、情状などで拘留場（拘置所）から出てくることを**仮出場**。懲役などの刑を受けた人が、監獄（刑務所）から条件付で出てくることを**仮出獄**。仮出場と仮出獄を合わせてさす言葉が**仮釈放**です。**仮出所**は法律上の言葉ではなく、拘置所、刑務所の〝所〟からつけられた仮釈放の俗称。

『勾留《こうりゅう》・拘留《こうりゅう》』

勾留は判決が出るまで、拘置所や警察の留置場に留め置かれること。同じ読み方ですが、**拘留**は裁判によって言い渡される刑罰の1つ。刑務所に30日未満拘置され、刑務作業はありません。ただし「勾」は常用漢字ではなかったため、新聞などでは「こう留」や「拘置」と書かれています。**勾留**も**拘留**も**こう留**も見分けがつきにくいったらな〜い！

『強盗《ごうとう》・窃盗《せっとう》』

暴行や脅迫を行なって他人のものを奪うことの罪名が**強盗**。強盗の犯行をさす言葉が**強取**《ごうしゅ》で、「金品を強取し」などと使われます。一方、危害や脅迫を加えないで盗む罪名が**窃盗**。被害者があとで盗まれたことに気づくケースです。その犯行をさす言葉を**窃取**《せっしゅ》といいます。

ちょっと寄り道

裁判よもやま話

その事件現場は!?

数年前、なんと実母の知人であるAさんが殺されるという事件がありました。元証券マンがサラ金の返済に困り、顔見知りで1人暮らしだったAさんを殺し、死体を遠く離れた山中に焼いて捨てるという凶悪な事件でした。

Aさんは資産家で、事件現場となった自宅は知事公舎や県警本部長公舎のそばの一等地にあります。そして周りには、地方裁判所や検察庁、弁護士会館などが隣接している！　つまり、事件現場と、捜査機関、審理《しんり》の場所が至近距離にあるということです。検察官も裁判官も、殺害現場を検証するのにすぐ歩いても見に行ける場所で、「捜査にはさぞかし便利な現場だったろうな」と思えなくもありません。

しかし、待てよ……。あのあたりって、知事公舎や県警トップの官舎があるため、警備員がそこかしこに配備されていて、「警備は万全！」といえる場所。治安がもっとも約束されているような地域で殺人事件が起きるとは、なんともヒニクなものです。

ちょっと寄り道

裁判を見て聞いて

長～い裁判、短かすぎる裁判

29ページに書いたAさん殺人の刑事裁判は、まだ裁判員裁判がスタートしていなかったため、プロだけによる従来型の裁判でした。法廷では、検察官が冒《ぼう》頭陳述《とうちんじゅつ》（135ページ）や証拠調《しょうこしら》べ関連の分厚い書類を1時間半ほどかけて棒読み。ぼそぼそと読み続ける単調な時間に、傍聴人のほとんどが舟をこぎだし、遺族がすすり泣く声で慌てて目を覚ますというありさまでした。

法廷用語のわかりにくさもさることながら、書類を読み上げる時間がとにかく長い！ 市民には、重要な箇所だけでも「ここがポイントですよ」と言ってくれなくちゃ、〝本の読み聞かせ〟さながら眠りを誘うばかりです。

かたや、プロだけの民事裁判は審理《しんり》が5分程度で終わることも珍しくありません。裁判官、原告の代理人（弁護士）、被告の代理人（弁護士）だけが出席し、口頭でのやりとりはせず（なのに「口頭弁論《こうとうべんろん》」という！16ページ）、書類の交換＊だけで終わってしまうことも。一番長い時間をかけたのは、次回の期日を決めるやりとり（しかも数分！）なんです。

＊
「書類の交換」とはいえ、
1回目の口頭弁論では
訴状と答弁書だけ！

裁判官「原告代理人、訴状《そじょう》を陳述《ちんじゅつ》されますね」
原告代理人「陳述いたします」
裁判官「被告代理人は、答弁《とうべん》を陳述されますね」
被告代理人「はい、陳述いたします」

これで終わりです。陳述といっても、内容のまとめてある書類をあらかじめ交換しているので、こういう形式的なセリフだけが交わされます。

あくまでも〝カタチ〟にこだわり続ける法曹界《ほうそうかい》。いつかチェンジする日がくるのでしょうか？

8 虎視眈眈とねらう定年後の花道

裁判官の任期は10年。通常ほとんどの人は再任されますが「問題あり」とバツ印をつけられた裁判官は再任されないこともあります。「再任されないのは不当だ」と裁判に訴えようとした人もいたとか。裁判官にもリストラってあるんですね……。

でもそういうケースはごくごくわずか。定年まで勤めあげる人が圧倒的に多いようです。最高裁の判事の定年は70歳。高裁、地裁、家裁の判事の定年は65歳です。簡易裁判所の判事は、裁判官、検事、弁護士、裁判所調査官や事務官などから任命され、定年は70歳となっています。

退官後は法律事務所を構えて弁護士になる人もいます。でもはっきりいって、元裁判官が弁護士稼業に身を置くのはけっこう大変です。もともと弁護士だった人は、裁判でのかけひきを含め、今までシノギを削ってやってきたノウハウが身についていますす。人の痛みをじかに感じながら、依頼人のために東奔西走してきた生え抜き弁護士にくらべ、裁判官がそこまでするのは至難のわざ。頭脳明晰とはいえ、これまでの正論理屈の世界からどこまで庶民目線の世界に入り込めるか？　戸惑いもあるのでは。

また法科大学院や大学の法学部で教授になる人もいますが、これはこれで大変なはずです。あまり賢くない学生に指導するもどかしさも感じるのではないでしょうか。なにしろ小さいときから優秀な人たちですから「こんなこともわからないのか」とイライラしたりして！

……という背景もあって、退官後の裁判官に一番人気なのが公証人《こうしょうにん》*なんです。

公証人の多くが裁判官や検察官の経験者で、なんといっても公務員という立場が魅力なのでしょう。退官後も〝お上目線〟で働けますからね。そして、相手が人間ではなく公的文書ですから神経をすり減らすこともありません。裁判官は書類と向き合うことに慣れているため、長年培ってきた法律の知識が生かせて、しかも定年が70歳とくれば、再就職先としては申し分ないのです。

公証人の報酬は国からお給料が出るのではなく、依頼人から受け取る手数料が収入となります。つまり歩合制の独立採算制ってやつです。大都市では仕事が多くあるため、年収３０００万円をこえる公証人も多いそう。もっとも最近は公正証書の依頼数が減少気味だということですが、それでもやはり〝おいしい仕事〟といえます。

難点といえば、その人数枠が少ないことです。公証役場は全国に約３００か所ありますが、公証人は約５００人。希望者が全員そのポストにつけるかといえば、そうとは限りません。裁判官のなかには、公証人のポストに空きが出たときに、チャンスとばかり定年を数年残して早く退職する人もいるそうです。それほどの人気とはね〜。

＊
公証人は、公証人役場でおもに契約書や遺言状などの公正証書を作成したり会社の定款に認証を与える仕事をする公務員です。公証人になるには、法律の実務経験が30年以上あることが条件で、年1回の公募があって法務大臣から任命されます。

9 出世する裁判官と、もっとがんばりましょう裁判官

裁判官は、司法のキャリア官僚のようなもの。すでにエリートコース上の人たちであるとはいえ、とくに多くの事件の判決をテキパキと迅速に、ぶれることなく出せる人が能力ある裁判官と評価されます。

また裁判能力だけでなく、ものごとを判断する際のバランス感覚も重要視されます。加えて、どんな人とも丁重に対応できる謙虚さを持ち合わせ、気くばりのできる人がどんどん出世していきます。そういう人たちは地裁の所長から高裁の部長裁判官（部《ぶ》総括判事《そうかつはんじ》といいます）へ、そして高裁の長官へと引き上げられていくようです。

実は私、つい数年前まで、裁判所の所長が裁判官だとは知らなかったんです。腰が低く人当たりもいいから、事務方のトップなのかなと思っていた！　でも地裁の所長になるくらいですから、着々と出世コースを歩んでいる人たちです。あーゆー人たちが偉くなるんだなあと振り返ってみると、どの方も人にいい印象を与える人たちばかり。まわりから信頼されるタイプでした。

そういう意味では、マイペースで特異な言動が目立つ人は芳しくないとされるはず

です。裁判官は誰からも干渉されない独立した立場にあるとはいえ、仕事のやり方や言動の改善がみられない場合は、上から勧告を受けるとか。そして、極端なケースでは10年間の任期後に再任されないことがあります。

次から次へとくる裁判事件で**未済事件**《みさいじけん》*をたくさん抱えているのも裁判所ギョーカイではイエローカードもの。一般の会社でいえば「赤字を抱えた支店営業所（＝裁判所）」にいる「営業成績の悪い社員（＝裁判官）」のごとく、最高裁の司法統計数字となって全国規模で発表されてしまいます。当然、人事の覚えもよろしくないでしょうから、この〝成績発表〟が裁判官のプレッシャーともなっているようです。

よく、民事訴訟《みんじそしょう》で裁判官がしつこく和解をすすめるのは、１つでも未済事件を減らしたいという表われでしょうか。和解で済めば、判決文を作成する手間も省け、次の事件にとりかかれますしね。

ただし民事裁判でうるさ型の原告や被告には、長い期間をかけて度重なる裁判を行ない、「こんなに丁寧に審理《しんり》しましたよ」と印象づけるそうです。お医者さまも３分治療にクレームがつく時代。初めから結果は見えていても、審議にたっぷり時間をかけるとのちのち面倒が起きないといったところなのでしょう。

民事裁判の原告や被告、弁護士などからクレームが少ない裁判官はマル。マスコミから叩かれた裁判官はバツ、という話も聞いたことがあります。人を裁く立場にあるものの、人から文句が出ないようにそれなりの神経を使っているのかもしれません。

＊
まだ判決を出すまでに至っていない事件を**未済事件**といい、裁判官が抱えている未済の事件数は「未済件数」としてデータで発表されます。

ちょっと寄り道

裁判用語よもやま話

その起訴状、この判決文……。誰のために書いていますか？

法廷では、明治時代からの漢文調の法律を使用しているため、判決文などの文書にも日常では使われない言葉が用いられています。まあ、ものは試しに次の「**判決理由**」をざっと読んでみてください。

『所論の点に関する原審の事実認定は、原判決挙示の証拠関係に照らして首肯するに足り、右事実関係の下においては、本件の各接見拒否が違法であるとはいえないとした原審の判断は、是認することができ、その所論に違法はない。論旨は、違憲という点を含め、独自の見解に立って原審の右判断における法令の解釈適用の誤りをいうか、又は原審の専権に属する証拠の取捨判断、事実の認定を非難するものに過ぎず、採用することができない』

はい、お疲れさまでした～！　この内容の意味はともかく、一般的な日本語の文章とは違うということがおわかりいただけたと思います。起訴状《きそじょう》や判決文を見ると「この文はいったいどこまで続くんだ～っ」というくらい主語と述語がかけ離れ、一文の長さが原稿用紙1枚程度になることも普通です。内容がよく理解できず、いったい、誰のための判決文なのかわからない！

裁判で検察側の主張が認められた場合（99パーセント、そうなるのが普通です）、判決文は起訴状の公訴事実をコピーして、裁判所の判断を少し書き加えたものがほとんどです。もし学生が自分のレポートにほかの人の文献をそのまま使ったとしたら、盗作したとして大問題！　でも裁判の判決文ではまったく問題はなく、むしろ率先して行なわれています。判決文に「勝った側の文言を〝採用〟した」という、裁判所の合理的な一面も見えるようです。

ウワサの真相

裁判長は木槌《きづち》をもっている？

もっていません。「静粛に！」と言ってカンカンと木槌を叩く裁判長のイメージがあるようですが、それは外国映画かドラマの世界。アメリカやヨーロッパなどでは、民衆を静めるために使っていますが、日本人はもともと静かな人が多いので、必要ないのでしょうね。

ちょっと寄り道

裁判用語よもやま話

勝手に日本語の文法を創ってしまうとは！

『原告と被告とを離婚する』……？

この判決文も、日本語的にどこかヘンだと思いませんか？「原告と被告とを離婚させる」あるいは「原告と被告とは離婚する」だったらわかります。なぜこんな文章の判決文ができあがるのでしょう。

例えば裁判所の判決で、もしも「～とを離婚させる」や「～は離婚する」などと言えば、単に〝離婚が行なわれるべき〟と宣言したことにとどまり、離婚が〝予定〟の状態になってしまいます。しかも「～とは離婚せよ」などの命令形はふさわしくない。……と悩んだ末？の文がこれ！

判決を言い渡した瞬間から効力を発生させるには、この一言で〝離婚を完結〟するような文にしなければならず、「離婚する」と言い切るしかないのだそう。法律に厳密であろうとすればするほど「この言葉でなければ！」とばかり、文法まで創作しちゃうんです。文法より法律が優先かぁ……。

10 できれば避けたい「控訴」

これは、法曹関係者の間ではよくウワサされているハナシ。裁判官が無罪判決をたくさん乱発したり、行政訴訟《ぎょうせいそしょう》で国が敗訴する判決をよく出す人は不本意な異動をさせられることが多いとか。つまり左遷ですね。

そして自分の出した無罪判決が、控訴審で有罪になると出世に響くともいわれています。逆に一審での有罪判決が二審で無罪になっても、それはおとがめなしとのこと。「裁判にかけられると、99パーセント有罪になって当たり前」といわれている日本の裁判ですから、有罪判決はやむなしと判断されるのでしょうか。

裁判官がいや～な気持ちになるのは、自分の出した判決を不服として控訴《こうそ》されること。「ほかの人でやり直してくれ」とNGが出ることですからね。控訴を避けるために、あえて検察官の求刑より2割減の若干軽い刑を言い渡す、といった憶測も飛んでいますが、これはホントのところどうなんでしょう。

弁護士を長くやっている人たちは、そういう痛いところも突いてきます。人生の酸いも甘いも見てきたベテラン弁護士にしてみれば、人生経験の乏しい若造裁判官が書いた〝紋切り型の判決〟にカチンとくることも多いそうです。

「コイツは何もわかっとらん。控訴したろうか！」と思うのだとか。

小さい頃から成績優秀で、順調なエリートコースを歩んできた若い裁判官は、膨大な知識は頭に入っているけれど、世間知らず、苦労知らずの人も少なくありません。法曹界に限らずとも、年配者が「今どきの若いもんは理屈ばっかり偉そうに並べおって。頭でっかちのネーちゃんはこれだから困る」なんて、会社で古参のオジサンやオバサンがボヤくようなもの？

マスコミなどから「世間を知らない」と批判される裁判官も、一方では、「裁判官たるものが世間並みの人間では困る」ともいわれ、まったくどっちがいいんだか！

裁判官も苦しい立場にいるんですね。

参考までに、**控訴審の判決文**についていうと、一審の判決を覆した場合は裁判にかけられる当事者や事件全体に対する判決文というより、「一審判決を出した裁判官に対するコメント」といったほうがいい内容です。「ここの解釈は、こう考えたほうがいいと思うよ」みたいな、上級裁判官から下級裁判官へのメッセージといったところでしょうか。試験の回答を赤字で添削するようなもので、裁判官同士のコミュニケーション？という感じもします。

だから、控訴審でも一審の判決が支持された場合は、一審の裁判官もホッとするはずですよ。たぶん。

裁判官の常識・非常識

犯行は短絡的で非常識極まりない
有罪！
女性裁判官なんてかっこいいわねえ
完璧なひとよね
ピピピピピ
カッ
カッ
はがき1枚買ってきて 母
ただいま
つかれた
おかえりー
はがき買ってきてくれた？
はがきって安いのねえ50円とは知らなかったわ
…常識だから
はい
勉強はできる子だけど母さんはあんたが心配になるよ

11 ここだけの話「ホンネ」をいえば……

法廷ではどんな人に対してもあまり喜怒哀楽の感情を見せない裁判官ですが、親しくお話する機会があると、ふと本音をもらすことがあります。

「業務が多忙だから裁判官の増員を望んでいるのですが、左陪席《ひだりばいせき》の裁判官だけ増やされても助けにならなくて。一人前の裁判官を補充してほしいですよ」と冗談まじりにポツリ。左陪席はまだ半人前の裁判官ですから、指導する手間隙もかかるためでしょう。小さい子どもにお手伝いさせると、かえって手間がかかるのと同じ⁉

裁判中の弁護人に対しても、内心では「主張の展開のしかたが下手だなあ。もっと上手に組み立てると有利になるのに」と感じることがあるそうです。ベテランの弁護士ならともかく、経験の浅い弁護士だと裁判手法にも差が出ます。

「民事事件はとくに、弁護士の能力次第。この素材ならこういう料理にするとおいしいのに、一応調理はされているけどおいしくないという感じですね」。法廷では裁判官は黙って聞いているようでも、実はけっこう厳しく見ているのかもしれません。

裁判員裁判の導入が決まった頃は、「私たちプロの裁判官もこれまで一生懸命やってきたつもりなんですが、何かマズイところがあったのでしょうかねえ」という声もよく聞かれました。「今の裁判のやり方はヘンだから改革する」となれば、「何が？どこが？　なぜ？」と感じたはずです。

しかしそこはほら、バランス感覚の優れた裁判官ですから個人の意見はどうあれ、制度が決まれば「では、その方向でがんばりましょう」と切り替えます。そしてどうせやるならよりよい裁判員裁判にしようと、裁判所が一丸となって真剣に取り組んできました。〝決められたことはきちんと全うする〟裁判官ならではの姿勢ですね。

裁判員裁判となれば、これまで常識だったプロのやり方は通用しません。法律なんて知らない素人の一般市民が裁判に関わるのですから、事前の準備も大変です。判決も今までは１か月後に出すなど、判決文を考える時間があったのですが、裁判員裁判は評議が終わると、すぐ書かなくてはなりません。しかも裁判員の意見も盛り込み、法律からブレないようにまとめるのがひと苦労だといいます。

裁判員裁判では、判決を告げたあとで被告人に「裁判員と話し合ったのですが」と前置きして語りかける裁判官が増えています。これも裁判員への配慮でしょうか。

裁判員のなかには、裁判後に感想を求められて「裁判員の意見が反映されていない」と批判したケースがあり、そのときは裁判所側も青ざめたはずです。評議の内容には守秘義務が課せられていますが、裁判員が判決内容を批判して文句を言わないように、おだてたり、各々の意見を尊重したり、その気苦労もうかがえます。

12 裁判官は上から目線？

裁判官といえば、法廷の壇上から当事者を見下ろして最終的な審判を下すため、まるでお上から「詔《みことのり》」を頂戴するような雰囲気があります。はたまた、エライお奉行さまから、かしこまる下々にお裁きが下る感じでしょうか。

裁判官は法廷で「裁判所はこう考えます」「裁判所から質問です」など、自分のことを「**裁判所**」といいます。個人的な立場からの発言ではなく、権威ある法の代弁者であるといった意思表示です。だからますます〝人より一段上にいる存在〟に見えてしまいます。

さらに付け加えると、法廷の時計は、裁判官から見える位置に設置されていて、傍聴席からは見えないんですよ。裁判官を第一に考えて作られた法廷、なのか……？

私もこれまでの裁判を見ながら、裁判官と一般市民との感覚の違いを感じたことがありました。何か事件が起きると、一般の人は「もし自分がそこに居合わせたら、同じ被害に遭っていたかも。その場にいなくてよかった〜！」とか、「自分も同じようなトラブルがあった。だからなんとなく理解できる」など、わが身に置き換えて同じ目線で考えようとします。

ところが、裁判官は「もし自分だったら」とはけっして考えず、一歩引いた目線で判断するようです。なにせそういう訓練を積んでいる人たちですから「この犯人が数年たらずで釈放されて、今度は自分のまわりで再び悪事を働くかも」だなんて、絶対に考えません。まるで、犯罪が起きる下界とは無縁の世界に鎮座する「お上」のよう な、しかしながら、そういう冷静な目が裁判には必要なんでしょうね。

そういえば……。裁判官って民事事件でも、「離婚や認知などの人事事件は・・・・」なんて言い方をするんですよ。人事といえば、普通は人事異動とか会社の人事を連想しますが、裁判官は〝人がからむ〟事件という意味で人事事件というようです。なんとな～く〝人ごと〟という感じがしなくもないけど……。

先に、裁判官は独立した立場にあると書きました。裁判官は、三権分立の観点から憲法と法律にのみ拘束され、どのような機関からも干渉されないとされています。

そういう意味ではその法廷の裁判長は〝一国一城の主〟であり、そこには〝治外法権〟があるかのよう。若い裁判官でもひとかどの見識をもっているので、たとえ裁判所の所長であろうと、先輩の裁判官であろうと、担当していない人は裁判の内容に口出しできないんです。

私自身、びっくりしたことがありました。世間で注目されていたある裁判を傍聴したときのことです。報道陣がたくさんつめかけ、捜査機関から傍聴に来ていた人も多かったのですが、裁判官は誰1人来ていませんでした。

でもでも、よく見ると、裁判所職員の腕章をつけて、お忍びで傍聴している顔見知りの若い裁判官がいる！　法廷には常に〝腕章をつけた裁判所職員〟がいて、マナーの悪い傍聴人に注意したりしています。それで腕章を借りて傍聴したのでしょう。裁判官も本当は公判のゆくえが気になっているんですね。

しかし、この覆面傍聴は若い裁判官だからできたこと。所長や部長クラスの裁判官は顔がわれているためか、あるいは領海侵犯がタブーなのか、できないようです。

素朴なギモン

裁判官は何人くらいいる？

現在、弁護士で活躍している人たちは約2万9000名。それにくらべ、裁判官は3600人程度で、検察官は2500人くらいです。それだけ弁護士の人数が多く、裁判官や検察官は少ないということです。

法曹界ではこれまで長いこと、裁判官や検察官の人数を増やすために司法制度改革の必要性が論議されてきました。最近になってようやく司法試験の合格者は増加したものの、結果的には弁護士が増える傾向になっています。

裁判官のトホホな日

よって、被告人を無期懲役とする
不当判決だ！控訴してやる
フン
判決は変わらんさ
数か月後
控訴審で一審の判決がくつがえり、逆転無罪に！
なにッ
ガタッ
あら
一審の担当はあなただったの
そー無期懲役が逆転無罪とはね
お、お前
ダダダ〜ーン
妻からの評価もガタ落ち
……二重のダメージ

ちょっと寄り道

裁判官よもやま話

丁寧、律儀、そして気が長い？

一般の人が裁判官と親しく話す機会などまずないように、私も裁判員制度の導入が決まる前まではまったくありませんでした。裁判官は常日頃から不用意に一般の人と付き合って裁判の判決に悪影響がでないよう、あえて孤高を保っている面があるのかもしれません。

あれは5年ほど前のこと。市民講座で裁判員制度についての講演を頼まれていた私のもとに突然、裁判所から問い合わせの電話が入りました。講演内容が新聞に掲載されたため、どんな講演でどんな人が何を話すのか、それとなく探りを入れたかったのでしょう。

折しも、その当時は裁判員制度の導入に関して、制度そのものに対する賛否両論が世間を賑わせていた頃。裁判員制度を推し進めている裁判所としては、「この人は反対派か、賛成派か？」と私のことが気になったはずです。

ものすごく丁寧な言葉遣いをされながらも、どこか奥歯にものがはさまったような話しぶりで、なんとなく違和感がありました。

ところがそんな裁判所の方たちとも少～しずつ打ち解けて話せるようになる

と、どの方も親切で律儀であることがわかってきました。

今どき珍しいほどの生真面目さには感動するほど！　会合に少し遅れるくらいでも必ず連絡をくれるし、どんなに忙しくても些細なことへのお礼は欠かしません。なかには自筆の封書でいただくことも。最近は人と人との付き合いで基本的な礼儀が薄れてきているため、律儀な裁判官の姿に新鮮な思いを抱きます。

また、裁判官には常に公平であろうとする職業意識があるせいか、職場を離れたときでもその姿勢は変わりません。私から見れば「話している内容が少しズレているなあ」と思える人の意見でも、けっして否定はせず、とことん耳を傾ける。一方の意見に偏らないような、そういう訓練を積んできた人たちなのでしょうね。

ちなみに、裁判員裁判が始まる前の〝一般市民による模擬裁判員裁判〟でのの出来事。「評議《ひょうぎ》」の場で、一般市民のオジサマが論点からズレまくりの発言を繰り返したことがありました。周りで聞いている人たちも、「いいかげんにして〜」とウンザリ顔です。しかし、裁判官はそんなときでも否定したり遮ったりせず、「なるほど、そうですか」と聞くことに徹している！

人間ができているというのか、気が長いというか……。

もちろん、裁判官にもいろいろな人がいます。これは私が出会った範囲の裁判官の印象なので、あしからず。

13 裁判官だって人間ですから……

先の裁判員裁判で、「裁判長が寝坊して開廷の時間が30分遅れた」という報道がありました。誰だって寝坊して慌てた経験はありますよね。たぶん、前夜は深夜遅くまでお仕事をしていたのだろうと察せられますが、なんとなく、裁判官も私たちと同じ人間なんだなあと身近に思ってしまいました。

いくら優秀な裁判官でも、人間ですからポカミスもないとはいえません。法廷で判決の**刑期**を言い間違えることだってあるはず。そんなときはどうなると思いますか？

判決の宣告が終了しないうちに、間違いを訂正すればセーフです。じゃあ、判決の宣告後に言い間違ったと気づいたら？　ダメなんですよ、これが。実際に言い渡した刑期になってしまうのだそうです。懲役20年と言うべきところを、万一、2年と言ってしまったら……、取り返しのつかないことに～！

いつなんどきも平静そのものの裁判官ですが、やはり一人の人間。傍聴人が多いと気合いが入ってはりきるようです。世間で大きく騒がれた事件やマスコミの報道で注目された裁判は傍聴席も大入り満員なので、ちょっとしたスター気分だったりして？

はてなのコトバ

やさしい言葉にはだまされるな！「意味シンなワケありコトバ」

若い子たちがケーキを食べながら、「これ、ヤバすぎ～！」と盛り上がっていることがあります。こういう場面での「ヤバイ」は「めちゃくちゃおいしい」という意味で、若者だけに通じ合う言葉です。

法律家の世界でも、彼らだけに通じる意味アリ言葉があります。それが単純な和語だと、聞いている私たちにも違和感がないためつい聞き流してしまうんですよ。

検察官が読み上げる起訴状《きそじょう》には、**こもごも**、**みだりに**、**ほしいまま**、といった表現がよく出てきます。やさしい言葉のようでも、実はこれがクセモノ。

こもごもは「かわるがわる」という意味あいがあり、プロの裁判官は「共犯ということか」と瞬時に把握します（一般市民である裁判員は「共犯」と言ってもらったほうがわかりやすい！）。**みだりに**、**ほしいままに**、と言ったら、覚せい剤を使用していた場合などに「常習していた」ことを表わす言葉です。

こういう一見単純なひらがなコトバはわかりやすいようでいて、実は重要な意味をはらんでいます。いやはや、ご用心、ご用心といったところ？

ちょっと寄り道

裁判を見て聞いて

ビミョーな相づちは「各自、深読み開始！」のサイン？

裁判を傍聴していて、ちょっと気になるのが法律家たちの「ふぅ～ん」という相づちです。被告人や証人に質問して答えが返ってくると、検察官も弁護士も、女性の裁判官まで「ふぅ～ん」と言う。「そうですか」でも「わかりました」でもなく、くぐもった言い方で「ふぅ～ん」です。普通なら、人を少し小ばかにしたような返事ですよね。

たぶん「あ、そう。うそか本当かわからないけど、一応聞きましたよ」というニュアンスが含まれている気がします。

そして、答えの内容がヘンだなと思っても、それ以上突っ込んだ深追いはしません。疑問に感じたことを攻め込まないんです。「ふぅ～ん」で終わってしまう！　自分の感想を言わず、けんけんゴウゴウと対峙しないのは、それぞれが自分なりに判断してくれという感じでしょうか。

そこで、ある裁判員裁判を思い出しました。実は、法廷で居眠りをしていた裁判員がいたんです。被告人が外国人の裁判で通訳も入ったため時間が倍になり、その単調なやりとりについ……だったのかもしれませんね。

裁判では白熱した議論というものはまずないですし、要はつまらなかったのだと思います。

しかし！　ビミョーな証言に対して、意味ありげな「ふぅ～ん」の裏読みをするためにも、法廷では眠っちゃイカンイカン。受け答えに隠された意味シンなニュアンスも眠っている間に聞き逃してしまいますよ～。

そういえば、数年前にプロの女性裁判官が公判中に居眠りをして、新聞で大きく叩かれたことがありました。なんでも服用した薬の副作用だったそうですが、なぜか、かの居眠り裁判員の様子については誰もふれませんでした。検察官も、裁判官も、弁護士も見て見ぬふり。もちろん報道もなし。

人を裁く厳粛な法廷なのですから、誰かが「暖房が強すぎますか」などと声かけくらいしてあげてもよかったのに。だって、被告人の懲罰《ちょうばつ》や人生がかかっているんですよ……。

転身？
ふぅ～ん
メイドカフェに飽きたら
クラブ「法廷」はいかが～

14 裁判官、検察官、弁護士、それぞれの関係は？

〝仲良しこよし〟ということもないでしょうが、裁判官も検察官も同じ国家公務員。実務能力を高めるために、裁判所と検察庁の間で一時的な人事交流があります。裁判官が検察庁に出向して検察官になったり、その逆パターンも。これを判検交流《はんけんこうりゅう》といいます。そういう経験から、お互いの立場や考え方などは理解できるかもしれません。ただ〝理解しすぎ〟の傾向はよくないとの批判もあります。そりゃそう、ですよね。

裁判官や検察官に限らず、弁護士とも〝同期〟の付き合いはあります。「同期の桜」ではないですが、司法修習時代はともに実務修習を学び、一緒に飲んだり遊んだりしたという仲間意識があるんです。よく「同期でして」という話も耳にしますが、同期は同期でも同じ大学の出身という意味で語られることが多いもの。市民の立場からみるとたかが司法修習の同期、されど重要な同期仲間のようです。

裁判官の研修は、民間企業、行政官庁、在外公館などでも行なわれます。裁判官は建前上は上司の指図を受けない立場にありますが、民間企業では上司の理不尽な指図にも従わなくてはいけません。でも、それはそれでいい経験になっているそうです。

法廷コトバの豆知識

『～以上・～を超える』
10万円以上（10万円を含む）
10万円を超える（10万円は含まない）

『～以下・～を超えない』
5年以下（5年を含む）
5年を超えない（5年目にあたる日を含む）

『～以前・～前』
1月1日以前（1月1日を含む）
7日前までに（当日は含まない）

『～以後・～後』
1月1日以後（1月1日を含む）
1月1日後（1月1日を含まない）

——法律家は〝仕分け〟にキビしく、
ルールもきっちり？

同じ？

1月1日後に
いらっしゃい
あ、つまり
1月2日以降ね
……

15 裁判所の「昨日」「今日」「明日」

日本の裁判に裁判員制度を取り入れようと検討され始めた平成11年以降、この制度そのものに対して法曹界ではさまざまな反対意見がありました。スタートした今でも問題点の指摘や、改善への論議は続いているようです。

しかし、私は裁判員裁判をきっかけにして、裁判ギョーカイ全体に変化があっただけでもスゴイことだと好ましく見ています。裁判所の堅く閉ざされていた門戸が一般市民に広く開け放たれるようになったのは、私の過去の体験からいっても「ありえなーい」変化。以前の裁判所はどうだったのか、象徴的な出来事をお話ししましょう。

平成17年の話です。当時はまだ裁判員制度のあり方を検証していた段階で、裁判所も裁判官も一般市民との間にバリアを張っていたように思います。その頃、私の勤務校で**法テラス***関連のシンポジウムを開催することになりました。ご縁ができつつあった裁判所の方たちにも参加してほしかったため、裁判所に開催の案内書面を張っていただきたいとお願いしたのです。

そのときの会話がこれ。

＊
法テラスとは、法的なトラブル解決のために必要な情報やサービスを提供する窓口のこと。なお、法律相談の窓口は各都道府県に設置され、1回30分までは弁護士などが無料で相談に応じます。

私 「詳細を書いた案内チラシをメールに添付して送りたいのですが」

裁判所職員 「裁判所のメールアドレスは一般には非公開となっているので、お教えできないんです」

私 「それではファックスでお送りしますね」

裁判所職員 （申しわけなさそうに）「裁判所では外部からファックスを受け取る場合、会議を開き、そこでの許可が必要なんです」

私 「郵送するしかないわけですね。でも私としては、ファックスのほうが簡単で助かるんですけど……」

裁判所職員 （しばらく考えて）「わかりました。では隣の建物に弁護士会館があるので、５分後にそこに送ってください。その時間に私がファックスの前で待機していますから」

――当時はこんな面倒なやりとりをしていたんですよ。

それが今では、裁判所と私の研究室の間でいろいろな連絡ができるようになりました。ファックスもメールも解禁となったようで、まさに隔世の感があります。

この数年間、裁判所から一般市民への目覚しい歩み寄りを見ている限り、今度は市民のほうが意識を変えていく番かなと思えてきます。裁判員制度に不安を抱いている人もいますが、裁判員になることは微力ながら国民を守るための権利でもあり、国民の義務です。今後の日本を担う学生たちには、毎日そう説き続けています。

ちょっと寄り道

法曹界よもやま話

法科大学院って、どんなもの？

法科大学院制度は、裁判官や検察官、弁護士など法曹に関わる人材をもっと増やし、専門的知識や実務能力を培うため、平成16年に創設されました。

それまでは高卒でも大学在学中でも、中高年でも司法試験の受験は可能でしたが、新制度では、司法試験を受ける人は必ず法科大学院を卒業しなければなりません*。

大学で法学を学んでいない人は3年、すでに法学を学んでいる人は2年履修します。そして5年以内に3回までは司法試験を受験できますが、試験に3回落ちたら一生受験資格がなくなります。

以前はよく10回以上挑戦してようやく合格したという〝司法浪人〟もいました。なにせ、現在50代以上の人は司法試験合格率1パーセント台の時代でしたから、一発合格というほうが珍しい。それだけ優秀な人しか合格できなかったので、絶対数も少なかったのです。

新しい司法試験の合格率は当初70～80パーセントを目標に、毎年3～4000人の合格者を出す構想がありました。ところが、現在の合格率は27パー

＊
平成23年度からは「**予備試験**」の制度が導入され、予備試験で法科大学院の修了者と同等の学力が判定されると、司法試験を受験できる資格が得られるようになりました。高校を卒業していない人が受ける「大検」と同じ仕組みのようです。

セントくらい。合格者は２０００人程度です。ちなみに、新司法試験が初めて行なわれた平成18年度は48パーセント。合格者が年々少なくなっているのが現状です。

ただ、実力がないのに人数だけ増やすべきではないという意見も出ています。法科大学院がたくさん創設され、全74校あるなかでも合格率にはバラつきがあります。合格者が10パーセント程度という学校は入学者の選抜に問題ありと警告を受け、場合によっては国からの補助金が削減されるとか！

私は個人的には、法科大学院制度に反対意見です。なぜなら、いくら優秀な人でも、お金のある人しか司法試験を受けられないからです。

法科大学院は平均すると、年間１００万円くらい授業料がかかります。学んでいる期間の生活費も必要で、合格しても司法修習期間は無給です。当然、経済的余裕のある家庭の人しか無理でしょう。

現在の傾向をみても、裕福な弁護士の子どもたちが多く入学しており、お金持ちの人だけ法曹の仕事に就けるとは、いかがなものかと思うのです。

また弁護士になる人は今まで以上に増えても、裁判官や検察官を志す人ははたして増えるのだろうかという疑問もあります。

近い将来、裁判官も検察官も、弁護士も、お金持ちのご子息ご令嬢だらけになったら、日本の裁判はどうなってしまうのでしょう……。

素朴なギモン

裁判官はなぜ黒い法衣を着るの？

法衣（法服）の黒い色には「何ものにも染まらない」という意味があります。最高裁から一人一着ずつ貸与され、転勤で出ていくときは法衣も置いていくのだとか。

女性の法衣は、右前合わせで、スカーフもついています。スカーフはつけてもつけなくてもＯＫ。法衣も十数年前まではシルクでしたが、今はポリエステル。〝髙島屋謹製〟で、傷んでくると新しいものと代えてくれます。

地裁の所長は法廷で裁判長を務めることがあまりないので、法衣の傷みがもっとも少ないといわれています。また所長クラスともなれば、栄転によって転勤が早い。だからまだ昔のシルクの法衣もきれいなままロッカーなどに置かれているようです。

裁判員裁判を前に、裁判員にも法衣を着用させてはどうかという意見もあったのですが、予算の関係なのか、プロの裁判官との区別をつけるためか、その案は立ち消えになりました。ちょっと残念ですね……。

第2章

「検察官」ってどんな人？

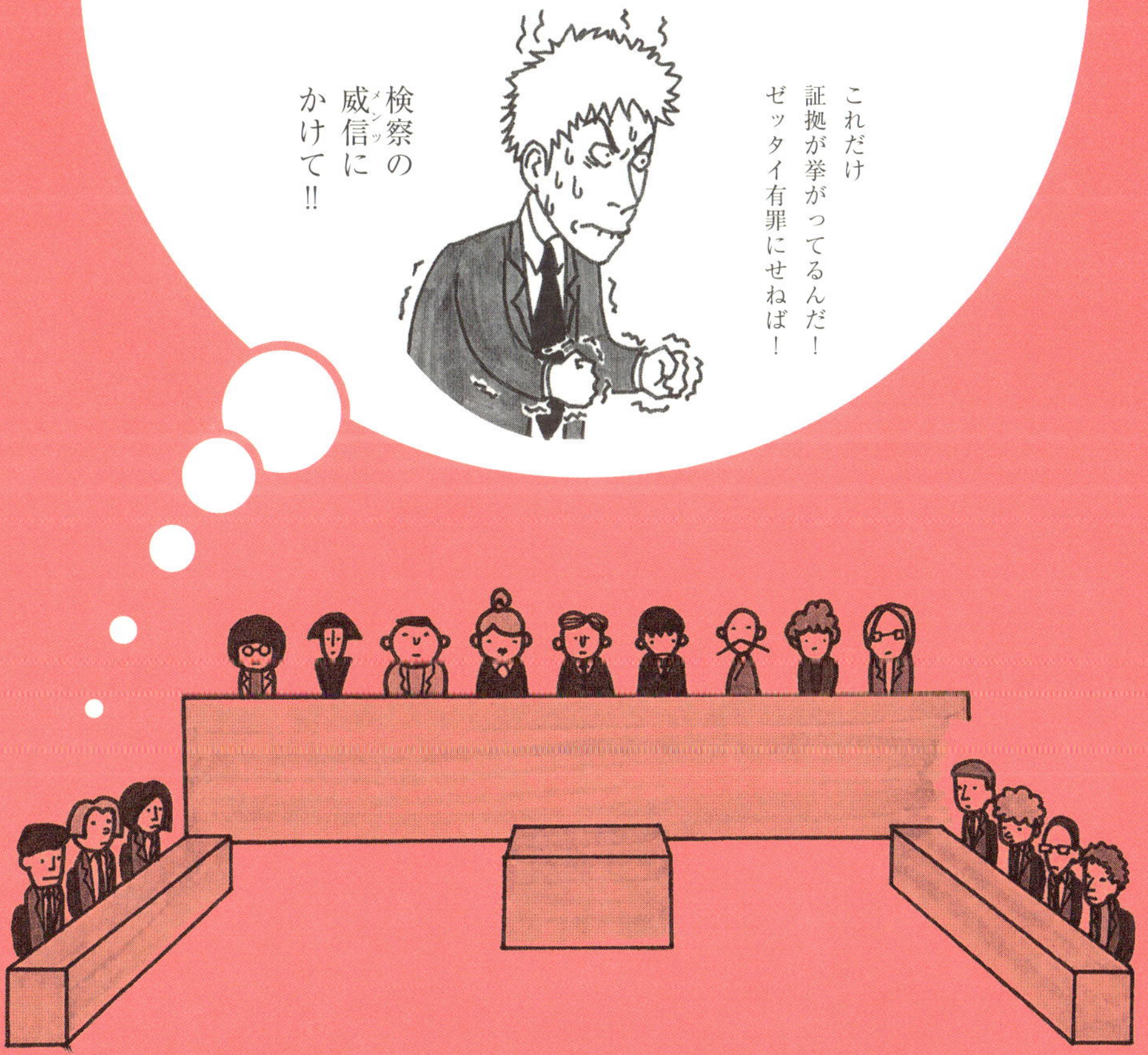
これだけ証拠が挙がってるんだ！ゼッタイ有罪にせねば！
検察の威信《メンツ》にかけて‼

1 検察官はコワイ人？

日常生活で裁判官と会う機会がないように、検察官とはもっとご縁がないですよね。知り合いにいるか、犯罪者にならない限りお会いすることなどありませんから！

テレビドラマに出てくる検察官のキャラといえば、人間味あふれる正義の味方役か、冷酷にねちねちと犯人を責めたてる悪役か……。近頃は、冴えわたるカンで次々と真相を暴いていく女性検事シリーズもありますが、実際はどんな人たちなのでしょう。

ホンモノの検察官にいわせると、「ドラマの検事は虚像」とのこと。犯行現場にしつこいほど足を運び、警察の捜査で見逃した証拠を探し出したり、法廷で突如、〝大どんでんがえし〟となる推理を突きつける検事なんてドラマのなかだけと一笑します。

検察官は正義感が強く、自分の仕事に誇りをもっている人たち。個人個人で見ると人柄も温かい人が多いようです。検察という仕事柄、お互いの協力体制が不可欠ですから、指導したりフォローし合ったり、先輩や同僚たちとの絆が深い。公判では、私も検察官同士の絶妙な連携プレーをよく感じることがあります。

元検察官の著書を読んだところ、「裁判官はおっとりとしていて上品なタイプが多いのにくらべ、検察官はガサツな熱血漢タイプが多い」とありました。検察官はおもに海千山千の犯罪者や、デカといわれる警察が相手であるのに対し、裁判官は法廷で当事者に向き合うだけ。しかもその場にいる人たちと終始丁寧な言葉でやりとりします。そのへんが関係してくるのでは？という分析には、思わず納得……。

最近は若く見た目のいいイケメン検事や、キレイな女性検事が多くなったようです。もしかしたら、一般市民が裁判に参加することを視野に入れ、計画的に？さわやかイメージで好印象を与える人材の確保に務めたのでしょうか。

ある裁判員裁判では、若い美人検事が冒頭陳述《ぼうとうちんじゅつ》をウグイス嬢のような美声で読み上げ、それが法廷内の緊張ムードを和らげていました。事前に念入りなリハーサルをしたのでしょうが、誰にでもわかりやすく語りかける雰囲気は完璧。検察側に思わず「1本！」といいたくなったほどです。

法廷コトバの豆知識

『検察官《けんさつかん》・検事《けんじ》』

検察官とは、正検事《せいけんじ》と副検事《ふくけんじ》を含めた官名です。このうち**正検事**は、司法試験を通った人たち。司法試験に合格していなくても、検察事務官の経験を重ねて考査試験に合格した人を**副検事**といいます。副検事がさらに上の試験に合格すると**特任検事**《とくにんけんじ》（70ページ）に昇格します。

2 検察の「権限」と「奥の手」

実は、昔から検察官を志望する人は少ないようです。司法試験に挑む人たちのほとんどが弁護士を志していて、平成21年の合格者約2000人のうち、9割以上の人が弁護士になりました。

検察官の人気が今ひとつなのは、堅苦しい巨大組織のなかで縛られるのがイヤ、検察官のイメージが悪い、転勤が多いなどなど。また弁護士のほうが自分の実力次第でお金を稼げるとの思惑もあるのでしょう。キムタク演じるテレビドラマ「HERO」のかっこいい検事にあこがれて志願者が増えた、というウワサはさて……？

しかし、司法試験と司法修習後の試験に合格すれば誰でも弁護士にはなれますが、裁判官と検察官は〝先様に選んでいただいた〟人たち。司法修習で指導検事がそれぞれの能力や資質を観察し、これはという人に白羽の矢が立てられるようです。

検察庁からすれば、賢いうえに組織でもしっかりやっていける人がほしいはず。よく検事になった動機として「研修のときに先輩検事の勧めもあって」と語られるのは、そういう引き抜きの経緯があるのだと思います。

最近は女性検事の割合も徐々に増えているようです。平成21年12月に行なわれた新任検事辞令交付式では、新任検事67人のうち約４割にあたる26人が女性でした。男女合わせて平均年齢は27歳といいますから、今どきの戦いを好まない草食系男子とキャリア志向の頭脳明晰女子が今後の裁判でどう活躍していくのか、興味津々です。

検察官になるためには、法務省に任官希望を出します。検察官は法務省に属する国家公務員ですが、担当検察官一人一人が権限を持つ「独立した官庁（**独任官庁**《どくにんかんちょう》）」とされています。検察庁のトップだけが権限をもつわけではなく、たとえ法務大臣が「起訴するな」と命令しても、個々の担当検察官が起訴する権限をもっているというわけです。

そのうえで「**検察官同一体の原則**」もあり、組織でまとまって行動するものとされています。個々の**起訴権限**《きそけんげん》はあるものの、上司の決裁をもらい、みんなで協力して裁判に臨む仕組みになっているのです。

また、検察には強大な起訴権限があるとはいえ、むやみに暴走しすぎないよう、政府の「**指揮権**《しきけん》」という仕組みもあります。戦前の強制捜査の反省から、検事総長に注意を促すことができるという法務大臣の権限です。しかし、この権限は50年以上発動されたことがなく、基本的には検察の捜査を尊重しています。

さらに**検察審査会**《けんさつしんさかい》（19ページ）も、検察が不起訴にした事件を市民の目で「起訴すべきではないか」と検証する*システムです。最近では明石の歩道橋事故で元明石署

＊
審査に法律的な知見が必要とされたときは、弁護士が審査補助員として参加します。

副所長を「起訴相当」と議決しました。市民の意見で起訴される初のケースです。

もしも検察審査会が検察官に代わって起訴すると決定したときは、裁判所の指定する弁護士が起訴をします。弁護士が検察官の代わりをするわけですね。また、民主党小沢氏起訴のゆくえも今後の話題を呼びそうです。

裁判員裁判対策

調べはついているんだ！
2hドラマ
そんな！ヤッてないのに
この検察官弱いものイジメでや〜なかんじ
ピンポーン
裁判員裁判で〜す
いらしてね〜
招待状
今回は一般市民にうけなければ勝てないぞ
わかりましたがんばります！
……というのが検察の主張です。
にこ
効いてる。
あの検察官の言うことなら本当ねきっと!?

3 刑事裁判のスペシャリストたち

裁判には、大きく分けて**刑事事件**と**民事事件**、**行政訴訟事件**《ぎょうせいそしょうじけん》があります。民事事件は個人的な問題のため、裁判は原告側の弁護士vs被告側の弁護士で争われます（弁護士に依頼せず、本人*でもＯＫ）。行政訴訟は個人や組織が行政を訴える裁判なので、行政の顧問弁護士と民間人側の弁護士で公判に臨むのが普通です。

かたや刑事事件は、被害を受けた国民に代わって、検察官が被疑者を訴えます。つまり、検察官が扱う裁判は、刑事事件だけ。検察官は刑事事件専門のエキスパートなのです。

大規模の地検には、ガサ入れで有名な？**特捜部**《とくそうぶ》（特別捜査部）のほか、**刑事部**《けいじぶ》、**公安部**《こうあんぶ》、**公判部**《こうはんぶ》など、それぞれの担当部署があります。例えば、刑事部だと警察から送られてきた刑事事件を取り調べ、起訴するかどうかを決めるまでがお仕事。起訴することに決定すると、それを公判部に引き継ぎます。公判部は、刑事部からきた起訴事件を裁判で訴える仕事。担当がそれぞれ分かれているのです。

小規模の地検では、取調べから公判まで同じ検事が担当しますが、大きな地検では

＊
当事者本人で裁判に臨むことを「本人訴訟」といいます（111ページ）。

1人の検事が取り調べから公判までかかりきりになって担当することはありません。ほとんどの場合、取調べをした検事と法廷に立つ検事は違うということです。東京地検など大規模な地検では裁判にする事件が多く、検察官はいくつもの事件を同時に担当しているため、仕事を分担して能率化を計っているのです。

ちょっと横道にそれますが、私がこれまで何度も裁判を傍聴してきて感じるのは、弁護人より検察官のほうが一枚うわてだなということ。この件についてはのちほど詳しく述べますが、弁護士は刑事事件より、民事事件をはじめ、契約交渉や示談などの法律事務で食べています。それにくらべ、検察官は刑事裁判だけを専門にしていて、民事裁判や行政裁判は担当しません。仕事が刑事事件オンリーなのですから、その筋のスペシャリストといってもいいでしょう。

しかも組織を挙げて、捜査も微に入り細に渡り、例えば被疑者の小学校時代の先生に「昔はどんな子だったのか」なんてことまで調査できる権限もあります。普通の弁護士にはそんな時間や人手もありませんから、どうがんばってみても裁判では不利といわざるを得ません。

裁判員裁判では、一般市民である裁判員に内容をわかりやすくするため、検察官も弁護士もモニター画像を使って説明するようになりました。しかしこれまでの裁判を見る限り、多くの場合は検察側のほうがうまく仕上がっています。これは裁判員経験者からもそのような感想が出ています。

公判での検察側は、ＩＴ技術を駆使したモニター映像はもちろん、パワーポイントを操作する人、それを説明する人といった役割分担がしっかりしていて、呼吸もぴったり。事前に入念な準備をして、「そこはもっと遅く読んだほうがいい」などといった練習もしっかりやってきたと思われます。

一方、弁護士のほうは１人で全部やらなくてはいけないので、初めからハンデがあります。独自捜査をするには限りがあり、基本となる情報は警察か検察の作成した捜査資料だけです。弁護人の手法が劣っているというより、検察官の組織力が勝っているといったほうがいいかもしれませんね。

法廷コトバの豆知識

『告訴《こくそ》・告発《こくはつ》』

よく**刑事告訴**とか**刑事告発**という言葉を耳にしたことがあると思います。告訴と告発って、その違いがわかりにくいですよね。**告訴**とは、被害者本人やその家族が訴えること。強姦罪などは当人が告訴しなければ警察も検察も動けないのです。**告発**とは、犯罪に直接関係のない第三者が通報して訴えること。「あの人は会社のお金を横領しているようだ」とか「国産と偽っている」など、従業員の内部告発もそのなかの１つです。

4 就活生に大人気！検察事務官とは？

このところ学生の就職状況が悪いせいもあり、公務員の志望者が増えてきました。報道によれば、意外にも**検察事務官**《けんさつじむかん》の人気が高まっているそうです。

検察事務官は、検事の仕事を補助するだけでなく、捜査や公判を担う重要な存在。検事とペアになって、さまざまな難題に取り組んでいます。

しかも、検察事務官には難しい司法試験を受けずに検事への道も開かれているのです。これが学生たちには魅力らしい。前述したように、検察事務に精通した人は法務省の検察官考査試験を受けることができ、それに合格すると**副検事**《ふくけんじ》（63ページ）という身分になれます。そしてさらに年季を積んでステップアップすれば、**特任検事**《とくにんけんじ》も夢じゃない！　特任検事で地検の検事正《けんじせい》（72ページ）になった人もいるんです。

特任検事は、正検事《せいけんじ》の人数が少ない事情から、副検事を昇格させて正検事と同じ職務を行なうようにしたもの。内部試験のハードルの高さから、司法試験を受験するほうがマシという声もあるように、全国で40数名しかいないのが現状です。ちなみに、和久峻三氏の小説やテレビドラマに出てくる「**赤かぶ検事**」は特任検事とか。

「ただ今、東京地検特捜部の検察官が[redacted]事務所の中にいっせいに入りました！」というニュース映像は、みなさんにもおなじみの光景でしょう（事前にマスコミに知らせているのかと思うほど、カメラアングルが同じですけど）。「これから社会の悪と徹底的に闘うぞ」とも見える勇ましい姿に、見ている側も心が高揚してきます。通称「**ガサ入れ**」*といわれている強制捜査では、検察庁の職員がぞろぞろと（毅然と？）行進していきますが、そのほとんどは検察事務官の人たちです。彼らはまさに縁の下の力持ちといってもいいでしょう。いや、捜査現場から重そうなダンボールを山ほど運び出すから、という意味じゃなくて。

検事には通常、検察事務官が1人ずつ付きます。調書《ちょうしょ》の作成を始め、検事の仕事を陰になり日向になり支える心強い助っ人です。検事になりたての新任検事は、この事務官にさまざまな事務手続きなどを教わります。

司法試験組の〝**正検事**〟と検察事務官から昇級した〝**副検事**〟の違いは、まずバッジの色。正検事は金色で、副検事は銀色です。また、正検事は検事をやめたあと、弁護士になることもできますが、副検事は弁護士にはなれません。

正検事の人数には限りがあるため、比較的簡単な事件や、地方の地検支部では副検事や特任検事がすべてを取り仕切っている場合も多いそうです。いずれにしても検察事務官を希望する学生は、まず国家公務員試験Ⅱ種に合格しなければなりませんね。

*
ガサ入れの「ガサ」は、「さがす」の“さが”を逆に読んだものが語源となっています。

検察庁の組織図

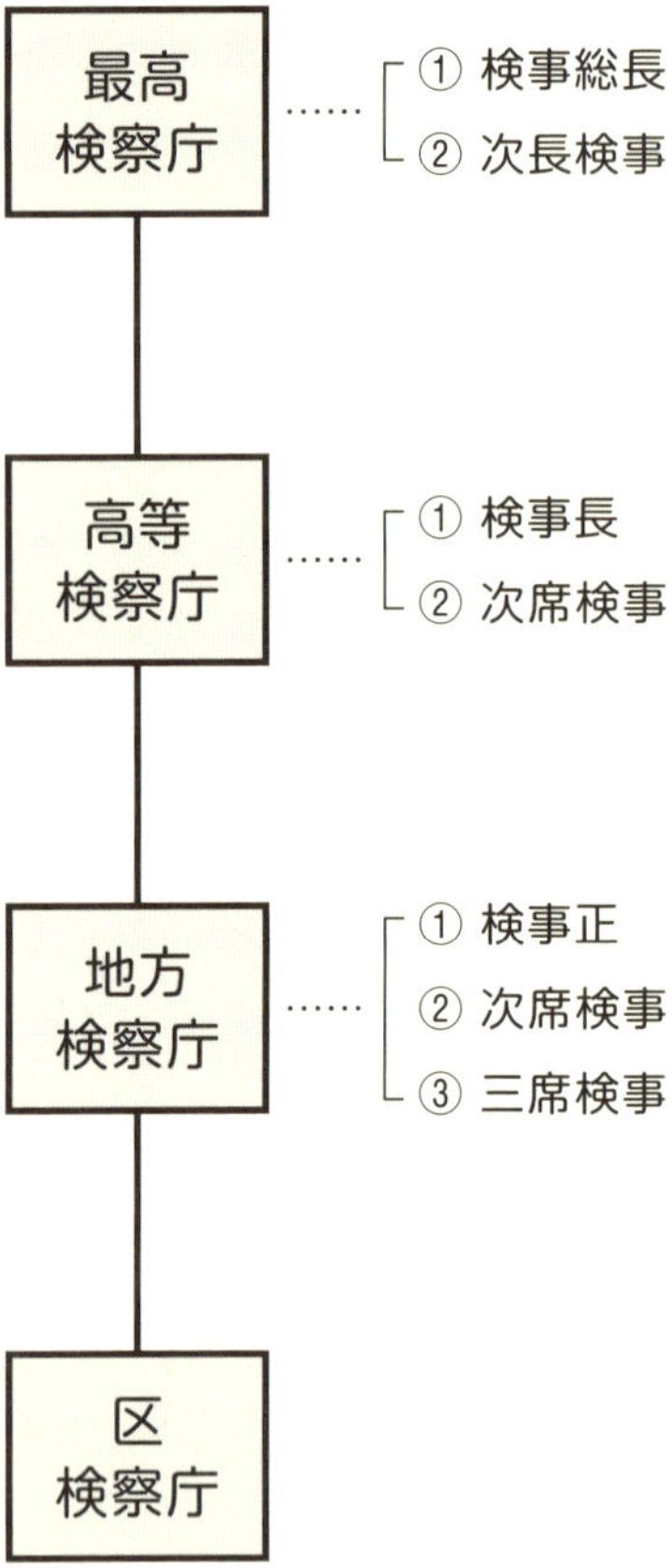
最高
検察庁
① 検事総長
② 次長検事
高等
検察庁
① 検事長
② 次席検事
地方
検察庁
① 検事正
② 次席検事
③ 三席検事
区
検察庁

法廷 コトバ の豆知識

『検察庁のエライ人たち』

検察庁の組織でいえば、トップは最高検察庁（最高検）の検事総長《けんじそうちょう》、ナンバー2は次長検事《じちょうけんじ》です。高等裁判所に対応する高等検察庁（高検）のトップは検事《けんじ》長《ちょう》、ナンバー2は次席検事《じせきけんじ》となります。地方裁判所に対応する地方検察庁（地検）のトップは検事正《けんじせい》、そしてナンバー2はやはり高検と同じく次席検事《じせきけんじ》、ナンバー3は、三席検事《さんせきけんじ》と呼ばれます。「司法試験組は正検事で、検事正は正検事？」ってなんだか混乱しそうですが……。

罪を憎んで人を憎まず

確実に
犯人だと
思われるが…
検察庁
しかし
証拠が
不十分だ
起訴しても
無罪判決だったら
オレらの出世に
響くぞ
どうする！
本件は不起訴に
します
検察庁
さようなら～
……
迷える子羊よ
どうしたのです
罪を犯しました
悔い改め
なさい

5 花形は特捜部

検察庁の花形といえば、やはり**特捜部**《とくそうぶ》。警察では手に負えない政財界の大きな事件を、検察庁だけで捜査していきます。経済界の大物や政治家の汚職を暴くため、チーム一丸となって捜査していくせいか、特捜部は同志的な団結のある熱気あふれる部署です。しかし課せられた仕事が相当大変なので、滅私奉公のようなかんじかも？

公安部《こうあんぶ》は、労働運動や学生運動、過激派、右翼団体の事件を扱います。思想犯の取り調べは、刑事犯とは違って一筋縄ではいかないものです。最近はそのたぐいの事件も減っているようですが、公安畑専門というスペシャリストの検事がいます。

検事に比較的人気があるのは**刑事部**《けいじぶ》です。事件や被疑者を取り調べる過程こそ、検事の本領と思う人が少なくありません。

とはいえ無銭飲食から殺人事件まで、あらゆるタイプの被疑者と向き合わなければならず、そのうえ、被疑者を**勾留**《こうりゅう》（28ページ）できる制限時間も決まっています。手を変え品を変え、被疑者から真実を聞き出すまで、並大抵の苦労ではなさそうです。

ときには、朝から晩まで何日も被疑者と対話していくうちに気持ちが通じ合い、なんとか早く更正させたいと真剣に思うようになるとか。実際に公判を見ていると、被告人はたった数回しか会ったことのない弁護士より、長時間向き合った検察官のほうに心を開いているのでは？と感じたこともあります。

公判部《こうはんぶ》の検事は、裁判の表舞台に立つ役目とはいえ、公判前には刑事部の作成した記録を細かくチェックし、冒頭陳述《ぼうとうちんじゅつ》や論告《ろんこく》を書き、必要なら補充捜査もします。これがけっこう大変そう。しかも、公判本番では裁判官や弁護士、被告人を相手に気を使うお仕事です。被告人を有罪にするかどうかは、公判検事の手腕にかかっているわけで、検察側のスキを見せまいと神経がピリピリしているはず。公判検事は1人で平均80件もの継続事件を抱えており、週3日の公判で1日何件もの事件を扱うといいますから、凡人には考えられない忙しさでしょうね。

そのほか、第1章でも書きましたが、検察官も国家公務員の「判検交流《はんけんこうりゅう》（54ページ）」と称し、毎年何人かは裁判所に出向します。裁判官の経験をして、検事としての力量を磨くのです。出向先は裁判所だけでなく、内閣法制局や外務省などの省庁もあり、そこでさらに広い知識を培って優秀な検察官になるようです。

ちなみに裁判所の職員は、検察庁のことを「行政」といいます。おもしろいのは、彼らが裁判所のことを「わが社」とか「会社」と呼ぶこと。たしかに、検察庁は行政機関のお役所。でも、裁判所はなぜ「所」じゃなくて「社」なんだろう……？

はてなのコトバ

ダメ出ししたくなる！「その読み方、ヘンですよ～」

法廷用語には、一般の人がなんとなく違和感を覚える〝特有の読み方〟があります。遺言は「ゆいごん」と読まず、「いごん」と読み、競売は「きょうばい」ではなく「けいばい」。図画は「とが」と読むんです。起訴《きそ》状朗読《じょうろうどく》や冒頭陳述《ぼうとうちんじゅつ》などで「8時30分頃」と読む場合は必ず「ころ」と言い、「ごろ」と濁ることはありません。また「1月1日から1月3日の間」と読むときの「間」は「あいだ」とは読まず、「かん」と言います。これは検察官の伝統ある慣習のようで、「ヘン！」と思わずにはいられません。

さらに！「本葉《ほんよう》の写真は、前葉《ぜんよう》の写真を」ってナニ？と思うでしょう。葉とは「ページ」のこと。植物でもあるまいし「前ページ」と言ってよ～。

“正しい”日本語テスト

6 いけいけ！　フレッシュマン

検事になりたての1年目は新任検事と呼ばれ、東京地検でしばらく教育を受けてから、各地検に配属されます。２年目になると新任明けといわれますが、いくら優秀な新人とはいえ、検察庁ではまだまだ半人前の扱い。初めは先輩検事の部屋で仕事を教わりながら、徐々に一人前の検察官となります。

地方の地検で数年勤めたあとは、全国に13ある大規模地検に配属されるのが通例です。これを「Ａ庁入り*」といって、新人は早くＡ庁入りした同期を羨望の目で見るとか。一般サラリーマンの世界と似たようなものですね。

刑事部の捜査検事は、通常は取調べ室で被疑者と面談したり、警察と連絡をとったり、証拠調べや書類の作成に追われます。そこで試されるのが、被疑者や証人など「人」を相手にして、どこまで話を引き出せるか。自分が不利になることは言わない人もいますからある程度のかけひきも必要で、新任検事にとってはそのへんがネックです。相手が自分に心を開いてくれるまで粘り強く接していくテクニックは、先輩を見習いながら培っていきます。また、司法解剖に立ち合うこともあるので、気の弱い人なら

＊
検察庁における通称「Ａ庁」とは大規模地検のことで、高等検察庁の所在地、札幌、仙台、東京、名古屋、大阪、広島、高松、福岡の８か所と、千葉、浦和、横浜、京都、神戸の５か所を指し、ここには刑事部や公判部などの各部が置かれています。

卒倒しそうですね。

　起訴《きそ》すると決めた場合は、公判検事に事件のすべてを引き継ぎますが、その前に刑事部の上司などに**起訴決裁**《きそけっさい》をもらわなくてはなりません。新人のうちはこれが試練の１つ。苦心して作成した書類を提出したものの、「この調書《ちょうしょ》を読むかぎり、過失傷害《かしつしょうがい》がせいぜい」と突っ返されることもあるようです。あれれ……。

　公判部、つまり裁判を担当する部署の新任検事にとって、初めての法廷はこれまたハラハラドキドキの初舞台。ベテラン検事になっても、初めて法廷に立った緊張感はずっと忘れられないといいますから、見るとやるとでは大違いなのかもしれません。読み違えのないよう、何度も練習してから臨むそうです。

　裁判官の場合、任官５年未満の判事補は１人で法廷に出ることはなく、裁判長と右《みぎ》陪席《ばいせき》の先輩裁判官のもとで仕事を覚えていきます。それに比べると、検事は新人でも１人で法廷に立ち、自分の責任のもとで権限を行使しなければなりません。

　公判では、予期せぬ事態がたびたび起こります。被告人が突如、否認に転じることも、新人にとっては「ありえな～い！」事態。また、証人としての被害者が号泣してきちんと証言できない状態になることも！　取調べのときは事件当時の様子を語っていたのに、裁判で犯人を目の前にした途端取り乱してしまうことがあるのです。

　何があっても慌てず騒がず、落ち着いて対応できるようになるまでは、やはり年季が必要かな？

法廷コトバの豆知識

『送検《そうけん》・送致《そうち》』

送検とは、警察が犯罪の疑いがある人を「裁判にかける（起訴する）かどうか決めてほしい」と検察庁に送ることです。それを法律上では**送致**（事件送致）といいます。被疑者を逮捕して身柄も検察に送ることを**身柄送検**、逮捕したり勾留《こうりゅう》せずに、事件の説明書類だけで検察庁に知らせることを**書類送検**といいます。

『自首《じしゅ》・出頭《しゅっとう》』

警察がまだ事件が起こったことを知らないとき、あるいは事件は認識していても誰が犯人なのかわからないとき、「私がやりました」と警察に申し出ることを**自首**といいます。**出頭**は、犯人と目星をつけられた人が自ら警察に赴くこと。指名手配された犯人が自分で警察に赴いた場合は、自首ではなく出頭になるのです。警察が「この人はアヤシイな」と思って警察に来てもらうことは**任意出頭**といい、これはあくまでも任意なので、その人は出頭を断わることのできる権利があります。

ちょっと寄り道

検察官よもやま話

なんとな～く気になること

裁判所に入っていく検察官といえば、なぜか、**風呂敷包み**をしっかかと胸に抱えている人が多い！　あのなかには証拠書類などが入っています。書類の量を気にせず入れられるので、意外にもアタッシュケースより便利なのだとか。

風呂敷は法曹界に長年引き継がれてきた伝統文化。とくに検察官はある種のプライドをもって、あの風呂敷包み姿にこだわっていると考えられます。だって、何も語らずともあの姿で一目瞭然、「私は検察官です。お間違えなく！」と言っているようなものでしょう。それだけ検察官という立場に誇りをもって裁判に臨んでいるということです。

検察官の求刑内容も、ずっと気になっていました。これまでの求刑は判決の2割増しで出されることが多かったと思いませんか？　一般の人でも「想定より少し重めの刑に設定しているの？」と感じたのでは（ダメもとで高い値段をふっかけるバッタ屋でもあるまいし……）。あれはたぶん、今までの判例を見て、それに近い求刑にしているためでしょうね。

しかし裁判員裁判が始まってみると、求刑より重い判決になるケースもあり、今までの検察側の求刑は重すぎたわけでもなさそうです。

裁判員裁判制度に対しては、検察は初めから「反対」とも「賛成」とも表立って表明せず（個人個人の意見はそれぞれでしょうけど）、静かに推移を見守っていたふしがあります。一言でいえば、先をじっと読む賢い人たちなのでしょう。そしてゴーサインが出ると同時に、組織を挙げて裁判員裁判対策を練ってきたのだと思います。

どうやったら一般市民にわかりやすいか、一般市民に訴えるための効果的な方法などもじっくりと研究してきたはずです。そうした努力が実ったのか、裁判員裁判の判決結果を見る限り、検察側は「してやったり」のケースがほとんど。つまり、検察の主張がほぼ通った裁判が多いということです。

模擬裁判のときは、裁判員役になった市民から「検察官のプレゼンテーションはとても上手だったけど、弁護人のほうはさえなかった」という声がありました。実際の裁判でも検察官は前方に書類を置く譜面台を設置し、裁判員のほうを向いて読みます。弁護人はほとんどの場合、譜面台もないままその場で読み上げますから、なんとなくアピール度も違うんです。

話は変わりますが、こんな質問があります。検事だった人が検察庁をやめて弁護士になったら、検察側の手の内がわかるだけに、裁判を有利に運べるのでは？　というもの。答えは人によりけり、です。

検事をやめて弁護士になった人は通称**ヤメ検**といわれ、これまで高収入を稼いできた弁護士に追いつけ追い越せとばかり、意欲満々な人もいます。

しかし全体的には、最初から弁護士をやってきた人のほうが弁護のコツをつかんでいるかもしれません。弁護士は孤軍奮闘でやってきたのに対し、検事は検察庁という巨大な組織の力がありました。その組織の助けがなくなったとき、はたしてどこまで力を発揮できるか。やはり能力次第でしょうね。

稼ぎの話が出たので、ついでに検察官の年収もお教えしておきましょう。検事になりたての頃は月収20万円くらいで年収も５００万円ほどですが、一人前の検事になると年収も１０００万円以上と、大台を軽く越えます。国家公務員とはいえ検察官はかなり給料が高く、検事総長ともなれば年収３０００万円以上。大臣クラスの年収です。仕事も相当ハードですから、それに見合った報酬になっているのです。

ヤメ検の胸算用

元チームメイトが相手だけど
ガンガンやったるで〜
ヤメ検

7 検察官のアキレス腱

裁判官ができれば避けたいのは「控訴《こうそ》」。じゃあ、検察官が絶対避けたい一大事とは？　それはもちろん「**無罪判決**」です！　日本の裁判は「99パーセントが有罪」という事実がはっきりあり、検察官もこれだけは威信をかけて守りたいもの。

誤解のないように言いますと、「99パーセント有罪」の背景にあるのは、検察官が「怪しき者は全員有罪にしてやる！」とがんばった結果ではなく、「本当に犯罪を行なったのか、確実な証拠がなければ裁判にはかけない」という姿勢が徹底しているからです。ときには、犯人のいろいろな事情を察し、温情で裁判にかけない場合（**起訴猶予《きそゆうよ》処分**19ページ）もあるんです。

だからこそ、検察官が裁判にかけるのは有罪を確信できる事件だけ。それがよもや「無罪判決」になると、「おまえ、ちゃんと調べたのか？」って評価が下されるわけです。もう、今までの苦労が水の泡ですよね。

無罪判決を受けると、検察としては問題勃発です。担当検察官はこれまでの捜査内容を再度洗い直し、地検で控訴審議会に臨みます。控訴して勝てるかどうかを話し合うためです。これがけっこう手厳しく、担当検察官はさまざまな問題を指摘され、針のむしろ状態におかれるとか。そして地検のトップと調整した結果、勝てると判断したら次は高等裁判所に控訴を申し立てます。

控訴の舞台は、地方検察庁（地検）から高等検察庁（高検）に移り、今度は、高検の検事ががんばって公判を闘うわけです。

無罪判決を受けると、取調べや捜査を担当した刑事部の検事と、公判に臨んだ公判部の検事は共同責任となるのだそう。小規模の地検で、取調べから公判まで同じ検事が担当したときは……、あれ、おそろしや〜。

ここで、裁判のおもしろ雑学をお教えしましょう。裁判官が判決を言い渡すとき、「被告人〝は〟……」と言えば、「無罪」。「被告人〝を〟……」と続けば「懲役●年に処す」などといった有罪判決になります。

「は」か？「を」か？その差は、天と地ほど違います。この一瞬に、検察官は身を固くするのだそうです。

無罪判決を頂戴してしまった検察官は、任地変更になることもあるとか。検察官は通常2〜3年で転勤になるとはいえ、次に転勤する任地の希望は出せます。重要な裁判を抱えている間の転勤はないそうですが、任地希望が全員かなうのかどうかは定かではありません。

検察官のトホホな日

これだけの証拠が揃っています！
バーン
無期懲役を求刑します
タタタタタタ
無罪！
無罪
カシャ
カシャ
カシャー
カシャ
無罪判決です！
あーあ、検察の99%有罪神話を崩しやがって
あいつちゃんと調べたのかー
オレ、起訴は無理だって言ったんだぜ
あいつも終わったな
昨日の友は
今日の敵！
う、うっ

8 検察官のお決まり文句VS弁護人のおハコのセリフ

報道によれば、ある裁判員裁判で検察官が「**書証調べ**＊に入ります」と言ったところ、裁判長から「そういう業界用語は使わないように」とたしなめられたそうです。このように、法曹界特有のオハコ的な常套句はたくさんあります。

検察官が法廷でよく使う言葉は、「被告人の**犯人性**は明らか」というセリフです。犯人性とは「犯人であるということ」の意味。検察官は「これを言わなきゃキマらない」とばかりに必ず披露します。水戸黄門でいえば、お約束コトバの「ここにおわすはどなたと心得る。ひかえおろう！」みたいなものでしょうか。

そのほか「**被害結果は重大**（〝大きい〟とは言わない！）」「**悪質**」「**身勝手**」「**～は免れない**」「**厳しい処罰を**」なども、検察官が必ず言うセリフです。

一方、弁護人が使うオハコの〝弁解〟用語としては「**やむなく**」でしょう。判決の結果に満足できないときは「**不服！**」という言い方をします。

裁判を傍聴すれば、「おっ、出たな。〝決まり文句〟が！」と合点するはずです。検察側の読む起訴状でいえば、これがまたとにかくわかりにくい！

＊
書証調べとは、供述調書など、さまざまな証拠書類を出して審理してもらうこと。

例えば、同人、同女、同所、同日などが何度も出てくるんです。『被告人は……同日○時○分ころ、同所において、同人運転車両を、同女運転の……に衝突させ、同女運転車両を横転させ、同女に……の傷害を負わせ、同日○時○分ころ同市○病院において、同女を死亡させたものである』

という具合なんです。同人の読み方は、「どうじん」ではなく「どうにん」。同女は「どうじょ」といい、「童女」と間違えそうな感じ！　女性の被害者は「同女」ですが、男性が被害者だったら「同男」にはならず「同人」となります。

何度も読み返しながら「この同人は被告人で、同女というのは被害者で」なんて、脳は〝ドウドウ〟巡り状態に！　頭が混乱してしまいます。

このような書き方をするのは、さまざまな法律上の決まりがあるため……とか。裁判員裁判では一般市民にもわかりやすい起訴状にしようと取り組んでいるようですが、このスタイルに愛着をもっている検察官も少なくないそうです。

私が傍聴した裁判員裁判では、検察官も弁護人も、とにかく市民にわかりやすく説明しようとする姿勢が伝わってきたものの、やはり「起訴状だけは従来通りにさせてもらう！」といった検察側の意向が感じられました。難解な法廷用語もあえて使い、起訴状の雛形に沿ったいわゆる「一文の一気読み」（37ページ）です。ここにもやはり伝統、ですかねえ。法曹界の変革は〝一気に〟とはいかないかも……。

ちょっと寄り道

裁判を見て聞いて

日本で初めての裁判員裁判

日本初の裁判員裁判は、平成21年8月に東京地裁で行なわれました。裁判の内容は、近隣トラブルによる殺人事件です。

裁判で弁護側は、「殺された被害者のほうにも原因があった」という主張をメインに置いて被告人を弁護しました。被害者も被告人に対して暴言を吐くなど、以前から問題があったと強く訴えたのです。

でも近所のいさかいというのは市民にとっては身近な問題。裁判員もわが身に置き換えてみて「それくらいで殺されたらたまらん」と考えたのではないでしょうか。しかも、死んだ人にムチ打つような弁護人の主張には「泣いている遺族の前で、そこまで言わなくても。あんまりじゃないか」と感じたはず。それが一般的な市民の感覚だと思うのです。

結果は、求刑16年に対して、大方の予想より重い「懲役15年」という判決でした。たぶん市民が参加していない従来の裁判なら「懲役12年」くらいだったでしょう。しかし、遺族が公判で被害者の無念さを訴え、死刑を望むと訴えたことも裁判員には強く印象づけられたに違いありません。

弁護人側は組織の力もないなか、一般市民にもわかりやすい言葉で説明するなど、さまざまな努力をしていたと思います。しかし、これまでのプロだけによる裁判形態から抜けきれてはいなかったのでは？

法律のプロたちは、自分も悪いかもしれないが相手も悪いというプラスマイナスの主張が好きですが、一般市民は、人を殺したという重大な結末にどうしても目がいってしまいます。

被害者の落ち度ばかりをあげつらうのではなく、例えば「普段の被告人はやさしい人柄で、そんなことをする人ではないはず」などと証言してくれる証人を登場させたら、あるいは……と思うのですが。

まあ、とにかく、この裁判で検察側は完全勝利。検察官は職業柄、弁護士にくらべると一般の人と接する機会が少ないため、「もしかしたら市民感情ってものが理解できていないかも？」と踏んでいましたが、やはり用意周到、すべてに抜かりのない検察官なのでした！

法廷コトバの豆知識

『検面調書《けんめんちょうしょ》・員面調書《いんめんちょうしょ》』

検面調書は検察官が取り調べた記録。**員面調書**は警察官が取り調べた記録です。

法廷では、警察官のことを「**司法警察員**」というんですよ！

はてなのコトバ

ただし書きがほしい「わかりそうでわからないコトバ」

日常語の〝請求〟といえば、「料金の請求」や「書類の請求」など、「要求」という意味で使われます。ところが裁判では、その意味が違うんです。

例えば、検察官が「検面調書《けんめんちょうしょ》」（89ページ）を証拠として請求します」などといった場合。誰に何を請求しているのかわかりにくいですよね。これは、検察官が自分のつかんだ証拠を法廷に出す「許可がほしい」という意味。請求なんていわずに、「証拠を出してよろしいですか」と言ってもらったほうがわかりやすいのに……。

参考までに。証拠の提出は、もし弁護人が反対して、裁判官も弁護人の反対を認めたら法廷では調べません。

〝予備〟という言葉も、日常語では「予備の電球」など前もって準備をしておく「物」をいいますが、法律の予備は「やろうと思って準備する行為」を意味します。予備罪は、犯罪行為の準備をしながら実行に着手しなかった場合の罪です。「請求」も「予備」も私たちがよく使う言葉なので右から左へと聞き流してしまいそうですが、法廷で使われると意味が違うんです。

第３章
「弁護士」ってどんな人？

国選弁護人なんて割に合わないいんだよな！
……だいたい被告人《こいつ》、ワケわかんないヤツだし。

1 弁護士のお仕事事情

では、次に弁護士と呼ばれる人たちについて見ていきましょう。

弁護士のイメージといえば、やはりアメリカの人気テレビ番組「弁護士ペリー・メイスン」という方も多いのでは？　ペリー・メイスンが弁護する被告人はすべて無実で、彼が真犯人を突き止めるシーンには、私も身を乗り出して見たものです。

ところが、日本の刑事裁判では、被告人のほとんどが罪を認めていて「**真犯人は最初から被告人**」と大方決まっているんです。裁判で弁護士ができることといったら、「被告人にも言い分があるので、検察官がいうほど悪くはない」と弁護するくらい。

日本の法廷ではメイスンよろしく、検察官が知らなかった真実を暴露したり、真相を解明していくようなドラマ性はまったくありません。市民から見れば、弁護人も検察官も似たり寄ったりの話をして、懲役の年数などを議論するばかりなんです。例えば、あなたが裁判員になったとき、「弁護人がいつ〝衝撃的真実〟を出すか」とワクワクして待っていても、まず期待はずれになるといっていいでしょう。

刑事事件の弁護人には、国が被告人の権利としてお金を出してくれる「**国《こく》選《せん》弁《べん》護《ご》人《にん》**」

と、被告人やその家族などがお金を出して弁護を依頼する「私選弁護人《しせんべんごにん》」がいます。しかし実際は、日本の刑事裁判の70パーセント以上が国選弁護人です。国選弁護人については後述しますが、弁護士からみればまったく割に合わない仕事なので、あまりやりたくないというのが本音だと思います。

弁護士は、裁判の弁護を務めるだけでなく、財産管理や遺言状の作成、トラブルが起きたときの示談交渉、企業の法律顧問、破産管財人など、法律関係全般のさまざまな仕事をしています。いうなれば、法律事務の専門家です。なかには一般企業の法務部署に籍を置く弁護士もいます。

そして弁護士といわれる人たちが何の仕事で食べているかというと、ほとんどの人が刑事裁判の弁護人以外！の仕事で収入を得ています。民事裁判や法律事務などで依頼者から受け取る報酬を生計の糧としているなかで、刑事事件の国選弁護人は手弁当覚悟で引き受けているのです。

弁護士の世界は過疎化が著しく、都会にはたくさんいるものの、地方は少ないのが現状です。都会のほうがたくさん仕事もあるため、全国の弁護士のうち、その６割が東京と大阪にいて、地方の小さな町には１人もいないところもあります。そういう事情から、地方では国選弁護人が当番制になっているところがほとんど。見入りのいい仕事だけしているわけにはいかない辛さがあるようです。

テレビとは違いすぎ

ビシッ
真犯人はあなたです！
ドラマの弁護士
まあ、こんなところだろ
執行猶予がついただけマシか
現実の弁護士

法廷コトバの豆知識

『弁護士の呼び名あれこれ』

刑事事件の裁判では、**弁護士**ではなく**弁護人**《べんごにん》と呼ばれます。民事事件では**代理人**《だいりにん》、少年審判では**付添人**《つきそいにん》といわれ、弁護士の呼び方は場合によって七変化。通常は「●●先生」と呼ばれるのが普通ですが、民事裁判では、裁判官が弁護士を「●●先生」と呼ぶことから、「弁護士と一般人の当事者が対等に扱われていない」と批判されたこともあります。

2 イソ弁・ノキ弁・タク弁

弁護士を希望する人は、司法試験と司法修習考試に合格したあと、活動する地域の弁護士会に必ず登録しなければなりません。そして日本弁護士連合会（日弁連）の会員になったうえで、初めて弁護士としての活動ができるのです。

お医者さんは日本医師会に加入するもしないも自由ですが、弁護士は絶対に日弁連に加入しなければならない。日弁連って、強制加入団体なんです……。

それはさておき、ほとんどの新人弁護士はどこかの法律事務所に就職し、お給料をもらいながら仕事を覚えていきます。この人たちのことを、ギョーカイでは**イソ弁**（居候弁護士の略）と呼び、事務所の経営者を**ボス弁**といいます。イソ弁は基本的に事務所で請け負った仕事をし、これは世のサラリーマンと同じ勤務体系です。そして数年後には独立していくのが普通です。

さらにいうと、**ノキ弁**は軒先を借りている弁護士のこと。法律事務所の机を借りて仕事をしていますが、給料は出ません。事務所にはいるけど、独立採算制なのです。

そして**タク弁**（**ソク独**）とは、自宅を事務所として登録せざるを得ない弁護士。大きな法律事務所に就職するには、資格だけあっても即採用とはならないのです。

近頃、ノキ弁やタク弁が増えている背景には、司法試験の合格者が増加したために就職できない事情もあるとか。この世界にも就職氷河期到来でしょうか？

余談ですが、弁護士ギョーカイで使われる俗称が出たついでに、もう1つおまけ。裁判でとても勝ち目のないスジの悪い事件を「スジ悪《わる》」といいます。業界だけで通用するコトバっておもしろいですね〜。

話を戻して、弁護士は司法試験の合格者だけでなく、大学で長らく法律を教えていた教授も弁護士になることができます。ただ、この場合は本人の希望通りとはいかないもよう。大都市にある有名大学の法学部の教授が、大学を定年退職したあとその地の弁護士会に登録しようとしたら、弁護士の人数が余っているからという理由で断られたとか。でも、もし、その先生が弁護士の少ない県の大学教授だったら、そこの弁護士会には登録できたはずです。大都市の弁護士も過剰現象のようで。

かたや、すでに弁護士登録はしていたものの、弁護士稼業はせず、大学の法学部でずっと教鞭をとっていたという方も、いざ弁護士に専念しようと思ったらこれまた大変。なにせ長いこと実務から遠ざかっていたため、口八丁の〝術〟には長けていません。久々に臨んだ裁判の結果もかんばしくなかったとか。検察側の求刑通りの判決が出てしまったそうで、これって「弁護士がいてもいなくても関係なかった」というようなものですからね。やはり「たたき上げ」のほうが実力はあるようです。

3 国選弁護人になると……

刑事事件の被告人になると、裁判では必ず弁護人をつけることが法律で決まっています。自費で**私選弁護人**《しせんべんごにん》を依頼する人はごくわずか。ほとんどの人が弁護士を雇う多額のお金が用意できず、裁判所が**国選弁護人**《こくせんべんごにん》を選任します。

国選弁護人の報酬は、地裁で３回の公判に臨むとして平均10万円以下です。多くの弁護士は事務員を雇い、事務所の経費もかかるので時給換算して最低８０００円を割る仕事は、業界でも「足が出る」仕事といわれています。国選弁護人を引き受けて、調査から公判まで10日くらいかけたとしたら、時給ではなく日給で１万円弱。調査などにかかる実費も自己負担になることが多く、大幅赤字は必至です。

参考までに、私選弁護人を頼むとどのくらいかかるかというと……。裁判の難易度によって違いますが、着手金、報酬金、実費、日当を合わせて40～１３０万円くらいが相場のようです。国選弁護人の報酬は、その１～２割ってことになりますね。

裁判で被告人を弁護するには、勾留《こうりゅう》されている本人に接見《せっけん》をして（この手続きがまたひと手間！）、さまざまな証拠も調べなくてはいけません。お金になるほかの仕事をこなしながら、事務員と自分1人で証拠収集していくには限界があるというもの。検察が組織をあげて行なう緻密な捜査能力には、かないっこないのです。

それでも、世の中で騒がれた事件の裁判や裁判員裁判だと、マスコミからも注目されて知名度が上がるため、顧客が増える可能性があります。国選弁護人でも八方手をつくしてがんばるとしたら、そういう裁判くらいなのでは？

なかには、公判の日に初めて被告人に会うという弁護士もいます。初めから罪を認めている自白事件の被告人で、簡単な裁判になりそうなとき、開廷前に少し打ち合わせをする程度でいいと考えるようです。何時間もかけて拘置所に接見に行き、被告人とは限られた接見時間内でガラスごしに少ししか話ができない。それで裁判のゆくえが大きく変わるというなら別ですが、刑の重さがさほど変わらないなら、わざわざ行かなくてもいいかなと、意欲を失うのでしょう。

私選の場合は、求刑より軽い判決になるとその分の報酬も発生しますから、弁護人のやる気はかなり違ってきます。接見に行く交通費も、証拠や証人を調べる実費も請求できるので、可能な限り尽力してくれるはずです。

ときに、万が一、あなたが予期せぬ事態で被告人の立場になったときは、多少無理をしてでも私選弁護人をつけたほうが絶対にいいと思います！　お金を払ってでも、裁判ではだんぜん有利になる！　ほら、よく聞くでしょう。電車で痴漢の濡れ衣を着せられたとか。そんなときは、絶対に私選弁護人にすべきだとここで強くおすすめしておきます。もちろん、そんなことは起きないに越したことはないのですが！

都会では、刑事事件をまったくやらない弁護士も珍しくありません。たくさん弁護士がいるため、ほかの人に頼むこともできるからです。外国企業との契約関係を専門とする弁護士や、企業の法務を専門にしている弁護士は、刑事事件はほとんどやらないとも聞きます。都会の弁護士はそれぞれの専門分野でやっていけるうえ、たとえ頼まれてもほかの人に振ることが可能なのでしょう。

先にも書いた通り、地方の弁護士は人数が限られているため、順番でやらざるを得ない。都会と違って「私はこの分野が専門」とも言っていられません。何でもやらなくてはいけない〝町のお医者さん〟みたいなものですね。

ウワサの真相

刑事裁判で国選弁護人をつけた場合でも裁判費用がかかるの？

刑事訴訟にかかる費用には、国選弁護人の報酬や実費、証人の旅費宿泊費や日当、精神鑑定人の費用などがあります。しかし被告人が貧困のため支払えない場合は、判決文で「**訴訟《そしょう》費用**不負担」と告げられます。要は、裁判所が被告人の経済状態をみて判断するようです。

一般的には判決が実刑なら国が負担するケースが多く、執行猶予《しっこうゆうよ》でお金を稼げる状態なら検察庁から裁判費用の請求がくるといわれています。

ちょっと寄り道

裁判を見て聞いて

弁護士よ、もっとがんばれ！

ある裁判員裁判でのこと。弁護士になってまだ2～3年？とおぼしき弁護人が法廷に立ちました。たまたま当番になった国選弁護人のようです。

裁判の被告人は、6年前に起きた強盗事件（28ページ）で逃亡していた27歳の若者でした。事件は、共犯者4人と一緒に被害者宅へ侵入して、奥さんに全治1週間の怪我を負わせたというもの。ほかの4人はすでに逮捕されて服役中ですが、彼だけつかまらずに6年間逃げていたのです。検察官いわく、被告人は少年時代から相当なワルだったといいます。

かたや、弁護人の主張を簡単にまとめると、

① 事件当時21歳だった被告人は首謀格の男（当時50歳）に脅かされて、やむなく*犯行に及んだ。

② 盗んだ38万円のうち、彼は一銭も分け前をもらっていない。

③ 被害者の負傷程度は比較的軽いものだった。

④ 逃亡中の6年間は悪いことはせず、真面目に働いていた。

……という事情も察してほしい。年齢が若く立ち直る力があるので、情状酌

*
“やむなく”（86ページ）は、法廷で弁護人がよく使う弁解用のコトバ。

量のうえ刑を軽くしてほしいと訴えました。

結論からいえば、判決は実刑6年。うーん、ちょっとキビしい判決です。検察官の出した「求刑7年」がほぼ認められたかたちでした。

公判を実際に聞いてみると、検察側の説明したストーリーのほうがしっかりと順序だてて整理されており、「なるほど～」とうなずける内容です。

市民にとっては、一番はじめに聞いた話のほうが印象に残り、検察官が話したあとで、弁護人が同じような話をしても「またか～」という感じでしょう。

実はビミョーに違うんですが、その差がわかりにくい！ つまり、どの裁判でも、検察側の「先手必勝」という感があるのです。

この裁判に立ち会った検事は3人。被告人を取り調べた検事が公判も担当したようで、弁護人とくらべれば、事件の詳しい内容や被告人のことをよく把握しています。ベテラン検事による証人尋問は「さすが！」と思わせるほど、たくみなやりとりでした。

対する弁護人は、何が何でも被告人を弁護するぞという姿勢は伝わってくるものの、どこか勇み足の印象が否めない。一般市民にはこじつけとしか思えない解釈もあって、無理やり弁護しているという感じも受けました。

例えば、検察官が「当時、勤務していた風俗店」と言っているのに、弁護人は「飲食店の従業員」だという。被告人が「金になる話はないか」と共犯者に依頼したことも、弁護人は「昼間のアルバイトを依頼した」と主張し、これは誰が聞いても不自然な〝ねじ曲げ〟です。

聞いている市民は、強盗犯としての悪質の程度や故意があったかないかを長々と説明されるより、被害者の怪我に後遺症がなかったのか、そしてなぜ分け前をもらわなかったのか、そのほうが気になります。

例えば、「被告人は犯行を迷っていた」「逃亡中の6年間は真面目に働いていた」「もう悪い連中とはつきあいたくないと思って逃げた」などといった情状について、もっと強く主張したほうが市民には理解しやすかったはずです。

弁護人はどういう話をしたら市民の心に響くか、法律に照らしただけのプラス・マイナスで主張していく世界から抜け出して、もう少し勉強の余地ありでしょう。

もっとも、弁護人のほうは捜査機関からの基本情報しかなく、独自の情報を得るには限界があります。裁判員は検察側から聞かされていない新情報があればと期待していても、それがなければ「言葉を言い換えただけの弁護」という印象しか残りません。

被告人との接見も限られ、長時間取り調べた検察官にくらべると心を通わせること自体が難しいはずなので、そのハンデに負けない弁護を今後は期待したいところです。

弁護士いろいろ

地方の弁護士
はぁ〜、国選弁護人の当番だからやらなくちゃ
また赤字か…
裁判所
都会のリッチな弁護士
なに、刑事裁判？
そんなのお金にならないから誰かにやってもらって
オレ民事しかやんないの
誰か
都会の貧乏な弁護士
えっ
また私ですか・・・・

4 弁護士は左うちわのおいしい商売？その懐事情は…

弁護士というと、医者と並んでお金持ちの代名詞のようなイメージがありますよね。たしかに、めちゃくちゃ稼いでビジネス街の一等地に事務所を構え、高級住宅地の豪邸住まいという弁護士はたくさんいます。大きな法律事務所の共同経営者になると、年収2億円という人はザラ。大企業相手の民事事件をおもに扱い、顧問弁護士収入も多い人なら、まさにセレブな生活ぶりです。

一方、自分の儲けなど度外視して困っている人たちの相談や手続きなどを引き受け、駆けずり回っている弁護士もいます。いわゆる**人権派弁護士**といわれる人たちは、かなり質素な暮らしをしているはずです。また、小さな町でたった1人しかいない弁護士は、仕事を選ぶ問題以前に「なんでも屋さん」よろしく孤軍奮闘状態です。

裁判官や検察官は、国家公務員としての安定収入が保証されています。弁護士はというと定年のない自営業で、一国一城の主ではあるけど一匹狼。お客がつかない、依頼者がお金を払ってくれないなどのリスクも伴う不安定さがあります。もちろん、当たれば大当たりですから、ハイリスクハイリターンの業種といえるでしょう。

最近は、市民のための法律相談窓口も増えてきました。行政や弁護士会などによる弁護士への相談が30分無料*という取り組みがあり、その担当になると1日に何人もの相談者と会います。ただ、相談の経緯を聞いて30分以内に適格なアドバイスができるかというと、それは無理というもの。さらに詳しく話を聞くとなれば有料相談になり、30分5000円から2万5000円の費用がかかります。

これは一般市民にとっては痛い出費！　そこでよくあるのが事務所にかかってくる電話の相談です。「事務所のほうに相談にうかがいたい」と言いつつ電話であれこれ質問をし、大まかなアドバイスをもらったあとはなしのつぶてという人が多いそう。もちろん、相手に支払いの請求をできないまま回収不能となるわけです。「いいお客」となるか「サイテーのお客」となるかは、電話だけじゃわかりませんものね。

弁護士が高収入と思われる背景には、弁護士にかかる費用がべらぼうに高いからだと思います。10万円単位、100万円単位のお金がかかると聞けば、そう捉えられて当然です。しかし昨今の不況で、顧客が減っているともいいます。どこも大変……。

余談ですが、弁護士は税理士の資格も兼ねています。だから税金の申告も自分でできる。普段からすべて自分で仕切ることに慣れているせいか、家庭でのお金も自分が握っている人が多いそうです。夫が弁護士の場合、たぶん妻は生活費だけもらって、あとは夫がお財布の実権を握っているというかんじでしょうか。一方、裁判官のご家庭では、家計は奥さまに任せっきりという人が大半でした。対照的ですね。

＊
市民の相談料は無料ですが、弁護士にはそれぞれの機関から規定の報酬が支払われています。

法廷コトバの豆知識

『釈明《しゃくめい》・弁明《べんめい》』

釈明は、訴訟内容について裁判官から質問されたとき、当事者が事実関係などの発言をすること。**弁明**は、不利な処分を受けた人が自己の立場を明らかにするために説明すること。日常語では同じように使われていますが、法廷では使い分けされているんです。

『所持《しょじ》する・所有《しょゆう》する』

所有するは、自分の物であることですが、**所持する**は、自分の管理下にあり、自分が処分できる状態にあることを意味します。例えば、かばんを開けたら覚せい剤が入っていたのがわかり、困惑しているうちに警察官に見つかってしまった場合。その人は、覚せい剤を**所有**していないが、**所持**していたことになり、自分のものでなくても処罰の対象になってしまいます。

『略取《りゃくしゅ》・誘拐《ゆうかい》』

略取は暴行や脅迫によって人を連れ去ること。これに対して騙したり甘い言葉で誘い出して連れ去ることを**誘拐**といいます。一般市民はどちらも誘拐と思いがちですが、法廷では連れ去る手段によって区別しています。

5 「この弁護士なら勝てる！」の落とし穴

訴訟《そしょう》社会のアメリカとは違って、日本では一般市民が弁護士に民事裁判を依頼することがまだまだ少ないようです。それでも身近な問題で誰かと争わなければならないときは、やはり有能な弁護士に依頼したいと思いますよね。かといって、どの弁護士に頼めばいいのか普通の人は検討もつきません。

たまたま依頼した弁護士に「●●県弁護士会　元副会長」だといわれたら、「わ～、きっと辣腕弁護士なんだわ！」と期待してしまうはずです。

でもちょっと待って！　弁護士会の副会長といっても、6～7名いる弁護士会だってあり、任期は1年。しかも弁護士歴の年数順でほぼ平等にまわってくるため、必ずしも……なんですよ。

会長も地方では1年交代ですから、「元会長」とか「前会長」を肩書きにしている人は何人に上ることやら。能力のある弁護士もいれば、そうとも限らない方もいるので、くれぐれも経歴やポジションで判断しないことですね。

付け加えると、**日弁連**（日本弁護士連合会）の会長は任期が2年。副会長は13人いて、任期は1年です。こちらの方たちは、一弁護士というより、むしろ弁護士軍団を代表して「国にモノ申す立場」といったほうがいい。弁護士軍団の大親分ってかんじでしょうか。国民には〝モノ申しすぎる〟印象もありますけど……。

日弁連の会長ともなれば、自分の仕事はなかなか引き受けられないほど忙しく、任期中の交際費だけで数百万円もかかったと聞いたことがあります。月給は100万円、賞与と退職慰労金を合わせて2年分の総収入が4000万円くらいですが、それでも全然わりにあわないそうです。絶句！

会長選挙の費用に一億円近くかける候補者もいます。ということは、それ以上のメリットがあるということなのでしょう。最近は「日弁連の会長選挙にチェンジの風*」と話題になりましたが、従来型の選挙も次第に改革されつつあるようです。

話を戻します。民事事件の裁判では、勝つも負けるも弁護士の能力次第だといいます。裁判官は中立の立場で双方の意見を聞いているとはいえ、ときには「もっと上手な弁護士に依頼すればよかったのに」と感じることがあるそうです。世間に騒がれる事件では、法律の解釈を「そこまでこじつけて被告人の権利を主張するか？」と首をかしげたくなるほど、上手というかキワどい弁護士もいますけどね。

じゃあ、どうやったらいい弁護士を探せるかといえば、実は「これが一番！」という手立てはないようです。弁護士にもいろいろいて、なかには悪徳弁護士と称されるセンセイもいます。弁護士会などの法律相談に行って、相性がよさそうな人にお願い

*
これまでの日弁連会長は、東京か大阪の弁護士会会長が就任していましたが、平成22年の会長選では主流派ではない宇都宮健児弁護士が勝利。「年越し派遣村名誉村長」を務めるなど人権派弁護士で、日弁連の方向性も少しずつ変わっていきそうです。

するのが無難かもしれません。ホームページで、自分の理念や専門分野、費用などをきっちり公開している方もいますから、まずはいろいろと調べてみてください。

依頼人の「ああ、勘違い」

6 弁護士にかかる費用

弁護士を頼むと「高いお金をとられる」のは、衆知の事実。でも相場がいくらくらいなのか、一般市民としては気になるところです。

以前は弁護士会の定めた**報酬規定**があったのですが、独占禁止法にふれるとして平成16年に廃止されたため、現在は弁護士事務所によって報酬の違い*があります。

弁護士に払うお金は、まず着手金《ちゃくしゅきん》。これは仕事を引き受けてもらい、最初に支払う頭金のようなものです。そして依頼事の結果がうまくいけば、報酬金を払います。結果が思い通りにいかなくても、着手金は戻りません。そのほか、相談料、実費、日当などが請求されます。お金がすぐ用意できないときは、分割でもOK。詳しくは「**法テラス**（56ページ）」にご相談してみてください。

その平均的な料金幅は、112ページの通り。いずれも交渉や回収が成功した場合の合計費用で、個々のケースによりさらに上下します。これらは〝およその費用〟なので、いくつかの法律事務所に概算をたずねてから依頼したほうがいいでしょう。

民事裁判は、弁護士をたてなくても当事者だけで裁判を行なうことが可能です。ま

＊
弁護士の報酬については、法律相談を行なっている弁護士会に「報酬の相場」を問い合わせてみましょう。報酬のトラブルが多発しているので、要注意です！

た誰かに訴えられた場合も、自分で裁判所に出廷して争うことができるのです。これを「本人訴訟《ほんにんそしょう》」といい、弁護士費用を節約するためか割合によく見かけます。

とはいえ、本人訴訟の場合は、相手側に弁護士がついているとけっこう不利な立場に置かれます。まず法廷で交わされる法律用語がよく理解できない。基本的な書面の作り方、手続きの方法も素人には面食らうことばかり。裁判官も「法律ではこうなっていて、今のはこういう意味で」といちいち説明しなければならないため、できれば弁護士をつけてほしいと思うようです。

弁護士は訴訟のポイントをおさえて主張していき、場合によっては「これなら和解にもっていったほうが依頼者のためにいい」などといった専門家としての判断をします。法的に有効な証拠提出も、法律をよく知っている人でなければ徒労に終わるだけ。ふと気づけば、裁判官は相手側の弁護士ばかりを相手にして、法律の専門家同士で打開策を練っている、ということも大いにありえます。民事裁判は、弁護士のついている側が絶対に有利なのです。

ある裁判官によれば、本人訴訟の人の主張をよく聞いたあとで「ここをもっと主張したほうがいいのに」と歯がゆく思うことがよくあるそうです。そこで、主張のポイントを引き出すようなヒントを与えると、相手側の弁護士から「中立であるべき裁判官に、あるまじき行為だ！」と文句を言われるんだそう。裁判官だって、弱い立場にある人を思わずフォローしたくなるでしょうに……。

多くの弁護士は、依頼者にできるだけ満足してもらえるよう神経をすり減らしてがんばっています。依頼者のなかには、感情的になって相手を訴えようとしている人、法律では解決できそうもないことを相談にくる人とさまざまなので、誠実に対応して気分をそこねない努力は怠りません。いくらエライ先生でも、やはり「お客さまは神様」なんですね。

素朴なギモン

「弁護士費用の相場は？」

——（注）平均的な料金の幅で、下限～上限の額ではありません。

離婚調停	40～100万円
配偶者への慰謝料請求（200万円として）	20～50万円
売掛金の回収裁判	回収できたお金の10～30パーセント
交通事故の賠償金裁判	右に同じ
遺言状の作成、執行	10～100万円
遺産分割調停（５０００万円相続した場合）	100～400万円
刑事事件（被告人の弁護・３日開廷）	40～130万円
医療事故（１０００万円支払われたとして）	150～250万円

法廷コトバの豆知識

『科料《かりょう》・過料《かりょう》』

同じ読み方なのに、意味が違う法律用語の多いこと！　科料は刑法に定められた軽い刑罰で、金額は千円以上一万円以下です。過料は刑罰ではなく行政処分で、額は法律によってまちまち。こんなの、素人には区別つきませんよね。

『強迫《きょうはく》・脅迫《きょうはく》』

強迫は民法などで使われ、他人を怖がらせて自由な意思をさまたげること。強迫によって成立した取引は取消しとなります。脅迫は刑法上の言葉で、相手の意思表示にかかわりなく相手を怖がらせる行為そのもの。処罰の対象です。

『詐偽《さぎ》・詐欺《さぎ》』

詐偽は誰かをだまして錯誤に陥れることで、刑法の詐欺罪にあたります。詐欺はうそや偽りということで、相手を錯誤に陥らせるという意味はありません。法律家はこれらを耳で聞いてすぐわかるものなのか、はなはだギモンです。

はてなのコトバ

前略、中略、後略？「コトバを節約しすぎ……」

若者の間には「あけおめ。ことよろ（あけましておめでとう。今年もよろしく）」や「メルアド（メールアドレス）」などの省略コトバが普通に交わされています。実は、教養高き法律家の間でも交わされているんですよ、省略語が！

例えば、**婚費**《こんぴ》。婚姻費用のことを略して「コンピ」っていうんです。婚姻費用と聞くと、結納や嫁入り道具の費用かなと思ってしまいますが、法律の世界では、結婚してから夫婦が生活していくための〝継続〟の費用。結婚しているなら、別居中であっても、妻の生活費などは婚費となります。

受傷《じゅしょう》は、〝受賞〟の入力ミスではなく、傷を受けること。「凶器が胸部に当たり受傷した」などと使われます。

酒臭《しゅしゅう》は、酒臭いのほうがピンときますが「酒臭が強い」と使うんです。判決文によく出てくる**自車**とは自分の車のことで、**被告人車**といえば被告人の車のこと。「被告人の車」といってもいいようなものだけど、そう言いたがらないのは大好きな〝漢文調〟にならないから？……だったりして。

もう少しご紹介しましょう。

犯情《はんじょう》は、犯行の事情です。犯人や犯行時の気持ち？と誤解しそうですけど……**情**《じょう》とは事情のことで、法廷でいう「情を知らない」は、「事情を知らない」

イヤな男の話題
こっちの〝情も知らず〟〝婚費〟の話し合いに〝酒臭〟させてやってきたの
〝合コン〟で〝キモ男〟が〝メアド〟教えろって〝ウザくて〟〜！
裁判官
ギャル

という意味です。「なさけを知らない」ではありませんのであしからず。知情《ちじょう》（痴情ではない！）は「事情を知っている」という意味なんですよ。

日常語では「婚活」や「就活」などの略語も普通に使われていますが、法律語の省略は私の感覚からいえば「あけおめ」より理解困難ですぅ。

7 弁護士の地団駄

刑事裁判では、強大な組織の力を駆使して裁判に臨んでくる検察側と違って、時間や労力に限界のある弁護人のほうが絶対に不利です。被告人はなおのこと、身柄を拘束されて自分に有利な証拠を集めることさえできないハンデのある立場。そのために「**疑**《うたが》**わしきは、被告人の利益に**」という裁判原則があるのです（141ページ）。

しかしそうはいっても、裁判官にしてみれば「検察官のことだから、有罪にできる確実な証拠がなければ起訴に踏み切らないだろう。だから検察の言うことはたぶん正しいに違いない」と内心は思っているかもしれません。

そんな裁判官に対して、普段から疑心暗鬼《ぎしんあんき》になっている弁護人は「裁判官はこちらの言い分をわかってくれない」とグチをこぼします。とくに、過去の裁判で苦い経験をした裁判官に当たると「あの人は最初から有罪と決めつけている」などといった不信感も募らせている感じです。そしていざとなったら伝家の宝刀をぬき「**控訴**《こうそ》してやる！」という流れにも⁉

前述したように、弁護士のプライドが傷つくのは「**求刑通りの判決**」が出たときですから（弁護士がいてもいなくても関係なかったという結果なので）、被告人の憤りの矛先は裁判官に向けられるのか、それとも力量不足の自分に向けられるのか……。

一方、検察の求刑より軽い判決が下ると「裁判官は5年も負けてくれた」なんて喜んでいます。ん？「刑が軽かった」じゃなくて「刑を負けた」？ 値引き販売でもあるまいし～!!

負け犬の遠吠えではありませんが、有利な立場にいる検察官にもムカつくことが多いようです。裁判が終わってからだけではなく、裁判が始まる前からすでに！

裁判員裁判が始まるまでは、検察官が公判で大量の証拠を出し、弁護人は証拠や捜査の弱点を指摘して反論するというやり方でした。ところが、裁判員裁判では、迅速な裁判の流れにするため、裁判の前に双方が出す証拠を決めて**争点を絞る***ことになったのです。具体的には、「どんな証拠が必要か」「どんな方法で調べるか」を相談して裁判の日程やスケジュールについても決めます。しかし、もうそのときから、弁護人と検察官の「表には出てこないガチンコ対決」が始まっているようです。

さて、裁判員裁判について弁護士はどう考えているのでしょうか。ある地方の弁護士いわく「刑事裁判の国選弁護の当番が裁判員裁判に当たったらイヤだよねえ、って弁護士仲間はみんな言ってますよ」とのこと。世間の目があるから片手間仕事にはできない。大幅赤字と過大な労力を覚悟してがんばるにしても、その結果が吉とでるか凶とでるか……。公開の場で、弁護士の手腕が試されるようなものゆえ、そのプレッ

*
公判前整理手続きといいます。しかし、裁判前に裁判官と検察官、弁護人の三者で証拠の数を絞りこむため、法曹界からは「これだけの材料で判断していいのか？」という不安の声もあがっています。

シャーもあるのでしょう。

そもそも今回の司法制度改革に、弁護士会では大正時代にできた陪審員制度の復活を主張していました。それが裁判員制度に決まったとはいえ、「市民が参加すれば、有罪判決慣れした裁判官の出す判決も変わるはず」と期待していた部分があります。

しかし実際に始まってみると、「プロの裁判官より市民のほうが手厳しい」と痛感したはずです。今も裁判員裁判への問題点が数多く指摘され、とくに弁護士会の反対意見は強くなりました。弁護側に不利な判決が相ついでいますからね。どこの弁護士会でも、今後の対策に頭を悩ませているのではないでしょうか。

話は変わって、弁護士は弁護する被告人に対しても憤懣《ふんまん》やるかたないことが多々あるんだそうです。いくら弁護しなければいけないとはいえ、ときには「なんでこんな悪いヤツの弁護をしなくちゃいけないんだ?」と思うことがあるのだとか。

凶悪な犯行を行なった被告人に対して、共感をもって弁護しているわけではないのに、世間からは「あんな人を応援するなんて!」と冷たい目で見られるんですって!

それでも、弁護士の責務だと思ってがんばっているんですね。某宗教団体の起こした凶悪事件の裁判では、お金にならない国選弁護人をやらされたうえ、被告人を一生懸命弁護しているというだけで顧客に離れられ、仕事が大幅に減ったという弁護士もいるそうです。国から頼まれて弁護しているだけなのに、弁護士にもいろいろ辛いことがあるんですよ。

弁護士のトホホな日

被告人は
絶対にやっていません！
数日後……
無罪だっ！
ヤッタぜ！
ヒャッホ
ぐい
よかったなあやっぱり「真実は勝つ」！
先生……
実は、オレ、犯人なんす
ホントにすんません
センセイ
ギ
今、殺意丸出しですけど

8 たとえおいしくない仕事でも……

弁護士にとって民事裁判は、固定客を拡大していくチャンスです。裁判で勝てばクチコミでPR効果も期待でき、お金持ちの依頼人がリピーターになってくれるかもしれない。大きな会社の訴訟《そしょう》なら顧問弁護士を依頼されるなど、おいしい仕事が期待できるというものです。

しかし、刑事裁判でいくらいい結果をだしても顧客の拡大にはつながりません。「次回も犯罪者になったときはよろしく！」なんてことは、まずありえませんからね。リピーターになってくれるとしたら暴力団関係くらい？「先生のおかげでアイツの刑が少なくてすみました。次回も舎弟の裁判にはぜひ先生をお願いしたい」とかなんとか（笑！）。

冗談はさておき、国選弁護人の仕事は、素人の私から見ても同情することばかりです。じゃあ、報酬の出る私選弁護人なら弁護士もやりがいがあるのでしょうか。

意外なことに！　私選を依頼した被告人にはあまり感謝されないんだそうです。刑事裁判で弁護士が情状酌量《じょうじょうしゃくりょう》を強く訴え、執行猶予《しっこうゆうよ》がついたとしても「私にはいろんな事情があったんだから執行猶予がついて当たり前でしょ」てな感じになるようで。お金を出す側の〝強気〟姿勢っていうやつですかねえ。

相当無理してがんばって、無罪を勝ち取っても「だって私、やっていないんだから無罪は当然の結果」という顔つきで、むしろ「不当に逮捕されて、弁護士に高いお金を払わされて納得できない」と不満を言われることもあるとか。そんな〜っ！　これじゃあ、むなしすぎます……。

弁護士は、たとえ国選弁護人でも、被告人や被告人の家族から「一生懸命弁護していただいてありがとうございました」と感謝の言葉をかけられたり、反省の言葉とともにねぎらってもらうことでそれまでの苦労が報われるといいます。弁護士のパワーとなるのは、お金だけじゃなくハートなんですね。

法廷コトバの豆知識

『改悛《かいしゅん》の情』

自分の犯した犯罪に深く反省し後悔していることです。裁判では、裁判官や弁護人の決まり文句としてよく使われます。

ちょっと寄り道

裁判用語よもやま話

古色蒼然！「文明開化の音がする〜っ」

では、みなさまを明治の世界へ、いやいや、法律の世界へとお連れしましょう。

まず、平成7年に改正された刑法の一部をご覧ください。

「人の業務に使用する**電子計算機**若しくはその用に供する**電磁的記録**を損壊し、若しくは人の業務に使用する電子計算機に虚無の**情報**若しくは**不正な指令**を与え……」

まったく意味不明の文章ですが、漢文調だった旧刑法を〝現代語化してやさしい言い方に改正〟したというのですから、「どこが〜！」といいたくなります。

では、このなかの難解な日本語！をわかりやすく日常語に翻訳しましょう。

電子計算機とはコンピューターのことです。**電磁的記録**はCDなどのデータファイル。**情報**はデータといったほうがピンときますね。**不正な指令**は不正アクセスといったところ。またインターネットを意味するコトバとしては「**電気通信回線**で接続した**電子情報処理組織**」となっており、まるで〝蓄音機〟か〝電熱器〟に匹敵する言葉のようです！

もしかして法曹界のみなさんは外来語がお嫌いなのかしら？

法的立場を代弁すれば、文明の進化にとらわれず、長くずっと使える言葉がいいと考えたようです。極めつけともいえる「今どきこんな？」のコトバですが、法律用語は、流行より安定性や普遍性に重きを置くのかもしれませんね。

これを法曹界言語に訳すと……

はてなのコトバ

たちまちタイムスリップ？ 法律家がこだわる「漢語・古語」

脳力アップのため、ではありませんが、再びクイズです。
――「じょうきょう」と「こうち」の読み方の漢字を思い浮かべてください。
「じょうきょう」は、状況か情況、あるいは上京でしょうか。「こうち」なら、高知か、高地？ ……正解は、「常況」と「公知」なんです。常況は、常にある状態のことで「心神喪失《しんしんそうしつ》の常況にある者」などと使われます。公知は、公に知られていること。公知に対して、限られた者だけに知られていることは私知《しち》といわれます。聞いただけじゃ「はあ？」となる言葉ですね。

おもしろいことに、刑法には富くじという言葉もあるんです。しかも「富くじは法律違反」となっている！ いえいえ、ご心配なく～。宝くじは法律で認められていますから大丈夫。「え、富くじと宝くじって違うの？」と思ったでしょう。富くじは、江戸時代に流行した今でいう〝宝くじ〟のことですものね。

実は、法律でいう宝くじは自治体が発行するもの。一方、富くじは宝くじのようなものを売ることで、処罰の対象となるんです。まぎらわしいったら～！

第4章

「裁判員」に選ばれたら?

やっぱり、
このあと記者会見
なんてのもあるのかしら…
どうしよう!
私、なんて答えたら
いいのかしら?
カシャ
カシャ

1 裁判なんてまるでわからない私が「裁判員候補」!?

ここからは「もしもあなたが裁判員に選ばれたら?」を前提に、「裁判員裁判」のポイントをご説明したいと思います。第3章までさまざまなギョーカイ話を読んだ結果、裁判員裁判に対しても少し興味がわいてきたのではないでしょうか。この章でも「ヘンテコな法廷用語」を随時ご紹介していきますので、みなさんも裁判員になったら「これが例のギョーカイ用語だな」と思い出すのでは?

裁判員候補は、選挙権のある人から無作為に抽出されます。裁判員候補になると、12月頃までに「あなたは、来年の裁判員候補者になりました」という内容の**通知書***が届きます。毎年、30万人近くに発送されるそうですから、352人に1人という割合(全国平均)です。したがって今年は届いていないあなたも、そのうち裁判員候補になる可能性は大いにあります。

とはいえ、通知書が届いてもまだ裁判員に確定したわけではありません。これはいわば「心の中で準備しておいて」といったところ。この段階では同封された調査票に必要事項を記入して返送するだけで、裁判所に出向く必要はありません。

＊「裁判員候補者名簿への記載のお知らせ」と書かれた書類。

2 呼び出し状が来たら？

裁判への「呼び出し状」が来るのは、裁判が開かれる日の６週間前です。同封された質問票に、**辞退する理由***などがあれば書き込み、それを返送します。

そして指定された日時になったら裁判所へ行き、裁判員候補全員が裁判内容の説明を受けます。死刑の求刑が考えられる裁判では、その場で「公平に判断できないと思われる特別の事情がありますか」という質問票が配られることもあるようです。

次に裁判官、検察官、弁護人のいる部屋へ行き、裁判長から簡単な質問があります。そこで質問票に書いた個人的事情などを説明します。

面接が終わると抽選で６名の裁判員と補充裁判員（最大６名）が選ばれ、選ばれなかった人は、そこで帰ってＯＫ。ここまでは午前中で終わり、裁判員は昼食をはさんで午後から裁判に臨みます。ただし選任手続きだけを先にして、別な日に裁判が行なわれることもあります。

裁判員裁判は、ほとんどの場合、３日から５日間くらいで終わります。勤め先には、あらかじめ連絡をしておいたほうがいいでしょう。

＊
「どうしても辞退したい！」という理由がある方は、調査票に具体的な理由を書いて返送します。そのおもな理由は128ページの通り。

素朴なギモン

一般市民が裁判員を辞退できるおもな理由とは？

- 70歳以上の人
- 学生
- 5年以内に裁判員か補充裁判員になった人
- 重い病気の人やケガなどで裁判所に行けない人＊
- 介護しなければならない家族や乳幼児を抱えている人
- 自分の仕事で大変な損害が発生する人
- 身内のお葬式や社会生活上で重要な用事がある人

――右記に当てはまっても「辞退しなければいけない」のではありません。70歳以上でも学生でも、参加できます。

＊
診断書など資料の提出を求められる場合もあります。

法廷はこんなかんじ
裁判員
裁判官
検察官
弁護人
書記官
被告人

＊
「法廷にはこんな人たちもいます」
補充裁判員も裁判員の後方に座ります。
裁判所事務官は、裁判所の事務手続きを行なう人。
被告人を見張る**拘置所職員**もいます。

3 裁判員裁判をする意味がわからない！

あなたは裁判の報道を見ながら、「あんなに悪いことをして、この程度の軽い刑でいいのか？」「この人は、もしかしたら無罪なのでは？」など、逆に疑問に思ったことはありませんか？

今まではプロの法律家にまかせっきりの日本の裁判。その行方に私たち国民が口出しできないばかりか、近頃は一般的な感覚とのズレも指摘されるようになりました。

例えば19歳の青年が凶悪な犯罪を行なっても、法律では〝少年〟であるため、これまでは比較的軽い刑罰でした。しかし一般市民には腑に落ちないケースもあります。

また、裁判では一般市民には理解できない言葉が使われ、「畏怖したが、**反抗《はんこう》の抑《よく》圧《あつ》***がなく……」などと言われても、被告人でさえ何を言っているのかチンプンカンプン状態です。これでは被告人が十分な反省をするどころか、何で裁かれているのかがよくわからず、自分から反論もできません。

そこで、これまでの「法の世界では当たり前だった常識」を見直してみよう、冤罪《えんざい》を防ぐためにも「国民の誰もがわかりやすい、納得のできる裁判」にしていこう。そ

＊
反抗の抑圧とは、犯人が被害者を抵抗できない状態にすること。そして被害者の抵抗を抑え込むだけでなく、被害者が怖くて抵抗できないようにすることも含みます。

んな考えから、一般市民が参加するかたちの「裁判員裁判」が始まりました。

もし、あなたが裁判員に選ばれたら、市民感覚にもとづいた意見をどしどし述べましょう。それが〝開かれた裁判〟にするための第一歩になるかもしれませんよ。

殺意は？

ちょっと寄り道

裁判用語よもやま話

ギョーカイ流儀のお作法コトバ?「これが共通言語の〝法廷弁〟!」

これまでもいくつか書いてきたように、日本の法曹界には、私たちが日常使わない業界用語があります。法廷の外ではめったに耳にすることはない言葉があるんです。なかでも、裁判ギョーカイで慣わしとなっている言葉、つまり法廷の日常語ともいえる「**法廷弁**」はここでなければ聞けないレアもの。あなたもいつか法廷で耳にするかもしれません。

法廷弁の代表格といえるものが、〝**思料します**〟という言葉です。検察官や弁護士は、この言葉を「思いはかる」「思いめぐらす」という意味でよく使います。「シリョウします」なんて聞いても、漢字を見ないかぎりピンときませんけどね……。法廷では、こんな会話が交わされています。

裁判官「検察官、弁護人、いかがですか」
検察官「然《しか》るべく」(裁判長におまかせします、という意味)
弁護人「相当と思料します」(賛成です、という意味)

どうです? 時代劇を見ているようなやりとりでしょう。

若い人なら「意味不明〜っ。問題外!」と引いちゃうはず。ところが!

法廷では若い20代の弁護士や検察官でさえ、「然るべく」「思料します」をフツーに使っているんです。

〝然るべく〟は、つまり「いいようにしてください」という意味。おごそかな法廷の場で「どうでもいいよ」とは言いにくいので、イエスでもノーでもないときに使える便利な言葉なのだそうです。

また、次のような受け答えも法廷では頻繁に使われます。

裁判官「次回期日は●日でいかがですか」

検察官「お受けします」（了解しました）

弁護人「差しつかえます」（都合が悪いです）

〝**お受けします**〟は、「お上のご意向は謹んでお受けします」という感じでしょうか。

〝**差しつかえ**〟は、一般的には「差しつかえなければ」などと否定形で使われるものですが、法廷では「**差しつかえます**」と肯定形で使われます。畏れ多くも、お上に向かって「だめなんです」とは言えないということで、恐縮しながら丁寧に断わる表現方法なのかもしれません。

そして裁判官も、最後はお決まりの言葉で締めくくります。

「では、被告人は必ず出廷するように」（被告人はイヤだといっても必ず連れてこられる！）。うん、やはり裁判官の口から発せられる言葉は偉そうですね。

4 裁判員裁判って、どんなことをするの？

裁判員裁判で行なうのは、殺人罪や強盗致死罪など、重大犯罪にかかわる**刑事裁判**の一審のみです。民事裁判や行政裁判は扱いません。

刑事裁判は、次のような流れで進みます。

①冒頭手続き

被告人の氏名を確認し、検察官による**起訴状**《きそじょう》（16ページ）の朗読、裁判官から黙秘権についての説明があります。次に被告人からの罪状認否、つまり「これはやっていません」などと意見を述べることができます。

ここがポイント

この裁判で争われるポイントは何なのかを要チェック！有罪か無罪かを争うのか、刑罰の種類や重さを争うのか、争点を明確にしておきます。

②証拠調べ手続き

検察官と弁護人それぞれから、「冒頭陳述《ぼうとうちんじゅつ》」と呼ばれる事件のストーリーが述べられます。裁判員裁判では、モニター画像を使って説明されることが多いようです。さらに、お互いに有利となる**証拠**＊や証人が出てきます。証人を連れてきた側が最初に行なう尋問を**主尋問《しゅじんもん》**＊、それに対して相手側からの尋問を**反対尋問《はんたいじんもん》**＊といい、さらに**再主尋問**＊が行なわれるなど、検察側と弁護側のやりとりが続けられます。

ここがポイント

双方の主張の違いから、事件のストーリーも微妙に異なっているはずです。巧妙なやりとりのなかから、お互いの言い分を聞き逃さないように。

③弁論手続き

検察官が最終的な意見（**論告《ろんこく》**）として、求刑《きゅうけい》を述べます。これに対して弁護人も意見（**弁論《べんろん》**）を述べ、弁護人が相当と考える量刑を主張します。

ここがポイント

真っ向から対立する量刑意見に、どちらがふさわしいか見極める必要があります。市民感覚から見た自分なりの考えをまとめておきましょう。

＊
証拠として出されるものには、凶器などの証拠品、現場見取り図などの書類があります。

＊
主尋問は検察側、弁護側がそれぞれ行ないます。いずれも自分側に有利な証言を引き出すもので、**反対尋問**は相手側のストーリーを切り崩すのがねらい。反対尋問のあとで、主尋問を行なった側が再度行なう尋問は**再主尋問**。自分側が不利になった点を調整する意図があります。

④評議

別室で裁判官と裁判員が意見を出し合い、有罪か無罪か、有罪なら**量刑《りょうけい》***を決めます。意見が分かれたときは、**多数決**になります。ただし、有罪のときは裁判官1人以上が有罪に賛成であることが条件。裁判官3名全員と裁判員1名（合計4名）が有罪意見であっても、裁判員5名が無罪と判断するときは、9名のうち4対5の多数決で無罪となります。無罪意見のほうが優先されるということですね。それほど有罪判決を重く考えているのです。

ここがポイント

裁判官が「こういうケースは、過去の判例として……」「そのように決まっています」と断言しても、おかしいと思えることは発言していきましょう。市民感覚にもとづいてしっかりとした理由があっての意見なら、裁判官も「なるほど」と参考にするはずです。

＊
量刑とは、刑の種類や程度を決めることです。評議室には、過去の似た事件の判決例を調べられる「**量刑検索システム**」も置かれ、参考のために利用できます。

⑤判決宣告

裁判官が判決文を作成し、裁判長が判決を言い渡します。

ウワサの
真相

裁判が始まる前の写真撮影は、毎回行なわれる？

報道のための写真撮影は審理前の最初の2分間に行なわれ、無言のなかパチパチと報道関係者の押すシャッター音だけが響きます。これはすべての裁判で行なわれるわけではなく、マスコミが報道しようとしている注目の裁判だけ。時間をはかるのは、地裁の総務課長の役目です。ストップウォッチを押すときに、「それでは始めてください」と声をかけます。途中で「1分経過」とアナウンスをし、2分たつと「終了してください」と言って撮影をやめてもらいます。

この写真撮影の意味するところは「裁判は密室で行なわれているのではなく、公の場で裁いている」とのアピール。裁判官の顔が全国的に知れて、判決に対する逆恨みなどは大丈夫？と思うかもしれませんが、おそらくそれだけの覚悟をもって裁判に臨んでいるという証しでしょう。写真撮影のときは、裁判員はおりませんのでみなさんのお顔はわれません。ご安心を！

ここがポイント

たとえ自分の考えとは違う判決内容でも、のちのちまでその思いを引きずらないように。結果は結果として「自分がやれることはやった」と気持ちを切り替えましょう。

5 裁判員の気になる質問あれこれ

Q 日当や交通費は？

A 裁判員に選ばれなくても、裁判員候補者には8000円以内の日当が出ます。午前中で終われば半日分の日当と交通費が支払われます。裁判員には1日あたり1万円以内の日当と交通費が出ます。

Q 裁判所には何を持っていけばいい？

A 呼び出し状と認印、メモ用紙や筆記道具は持っていきましょう。

Q どんな服装で行けばいい？

A あまり派手な服装だと、法廷の雰囲気から浮いてしまうかも。落ち着いた色あいのスーツや、目立たない服装のほうが無難です。

Q 食事はどうするの？

A お弁当を持参してもいいですし、裁判所の食堂に行ったり出前のお弁当を注文することも可能です。休憩のときなど、裁判所の職員が教えてくれるはずです。

Q 小さい子どもがいるのですが？

A 子どもを預かってくれる人がいない場合は辞退を申し出ることができます。裁判所の近隣保育所で、一時保育サービスを利用する方法もあります。

Q 補充裁判員は何をするの？

A 1つの事件につき、最大6人まで選任される補充裁判員。裁判の途中で裁判員が体調を崩すなど、欠員が出たときは裁判員になります。補充裁判員も裁判や評議を傍聴でき、裁判官から意見を聞かれることもあります。

Q 裁判員になって欠席したら罰せられる？

A 正当な理由がなく欠席すると、10万円以下の罰金が課せられることがあります。

Q いつまでが裁判員候補？

A 裁判員候補者名簿の有効期間は1年間。前年の12月に書面が届いたら、翌年の1

月1日から12月31日までが登録期間です。その年に呼び出されなくても候補者は1年ごとに選出されるため、翌年以降、再び登録される可能性はあります。

Q 一度裁判員になったらしばらくは免除される?

A 過去5年以内に裁判員を経験した人、過去1年以内に裁判員候補者として裁判所に来たことのある人は、辞退を申し立てできます。

ご招待でーす
あなたは
裁判員候補者
になりました

6 事前に基本的な知識は必要？

裁判員候補者には、裁判手続きなどの書かれたパンフレットが送られてきますが、プロの法律家ではないのですから、難しい内容まで事前学習する必要はありません。裁判員裁判では、検察官も弁護人も裁判員向けに、できるだけわかりやすく説明しようという試みが見られます。それでもわからない言葉などが出てきたら、裁判官に尋ねてみるといいですね。ただ、あらかじめ刑事裁判の大原則だけは知っていたほうがいいでしょう。

それが「**無罪《むざい》の推定《すいてい》**」です。

被告人は、裁判で有罪が確定するまでは「罪を犯していない人」として扱わなければなりません。最初から「この人が犯人なんだ」と色眼鏡で見ては、裁判も公平なものにはならないでしょう。よく「**疑《うたが》わしきは被告人《ひこくにん》の利益《りえき》に**（疑わしきは罰せず）」といわれるのは、疑いを向けられた一般市民が大きな組織の力もなく、自らの無実を証明することが困難だから。これは冤罪《えんざい》を防ぐためでもあるのです。

無実の人を罰することがないよう、裁判官と裁判員は、検察官の主張や証拠が正しいか正しくないかで判断します*。被告人が限りなくアヤシイと感じられても、「でもこの証拠だけではわからないな」と思ったら無罪としなければなりません。

裁判員裁判を前に、全国各地で行なわれた「法曹三者合同・模擬裁判」でもそうでしたが、裁判員がこの〝**無罪の推定**〟*の説明をきちんと理解できたかどうかで判決の内容や量刑に違いが出ました。同じ事件内容の裁判を行なったのに、ある裁判所では有罪に、ほかの裁判所では無罪と判断されたところもあったのです。裁判員も、この原則だけは刑事裁判のポイントとして覚えておきましょう。

＊
法廷用語では「**合理的な疑い**」といい、検察官の主張に少しでも疑問があれば「合理的な疑いがある」とされ、無罪になります。これも裁判における大原則の一つです。

素朴なギモン

「強姦罪《ごうかんざい》」と「婦女暴行罪《ふじょぼうこう》」の違いは?

どちらも同じ意味で使われていますが、法律には「強姦罪」という言葉しか存在しません。「婦女暴行罪」とはマスコミが創った言葉なんです。報道では、「強姦罪」が「婦女暴行致死罪《ふじょぼうこうちしざい》」と言い換えられることがあるため、混乱を招く一因となっています。これは「姦」が当用漢字ではないのと、「女・女・女」のイメージが女性にはよくないという配慮があるのかもしれません。

すでに述べた「容疑者（17ページ）」や「こう留（28ページ）」も法律にはなく、マスコミの創った言葉です。

疑わしきは被告人の利益に

7 人を裁くことに抵抗が……

裁判官や裁判員は、「遠山の金さん」のように真犯人や事件の真実を見つけるわけではありません。被告人が真犯人かどうか、犯罪が真実かどうかを判断するのではなく、あくまでも「検察官の言っていることに納得できるか、疑問に思うところはないか」で判断するのです。

ここで〝**無実**〟と〝**無罪**〟の違いを説明しておきましょう。**無実**とは、罪を犯していないのに濡れ衣を着せられる、いわゆる冤罪《えんざい》のことです。かたや**無罪**とは、「被告人は犯人なのかもしれないけれど、検察官の説明が確実とはいえないな」と思ったとき、「有罪だと立証できない」ことをさします。つまり「検察官の主張でこの部分は違う気がする」と思ったら、それは無罪とされるのです（**合理的な疑い**142ページ）。

また〝**事実**〟と〝**真実**〟も違います。起訴状に書かれている**公訴事実***は、検察官が調べた事件のストーリーで、それが絶対に**真実**かといえば、そうではありません。

あなた個人の判断で決めるのではなく、裁判官と裁判員が1つのチームとして結論を出していくのですから、一国民として「人を正しく裁く務め」と考えてみては？

*
公訴事実は、裁判の初めに被告人がいつ、どんな犯罪を起こしたのかを検察側が説明する事件の要点です。

お裁き今昔物語

昔は「真実」を暴く
おうおう！この遠山桜がすべてお見通しよ！
バッ
あっ金さん?!
お、おそれいりました
検察官の主張に疑問が残る
無罪！
あいつ、絶対やってるんだけどなあ
今は証拠だけで検証

ちょっと寄り道

裁判用語よもやま話

法廷用語は重要無形文化財？

先に述べた刑事裁判の大原則〝**合理的な疑い**〟というコトバ。なんだかおかしな言葉でしょう。普通は「疑いがある」といえば悪いイメージで受け取られ、法廷で「合理的な疑いがある」なんて言われたら、「被告人は犯罪を行なった疑いがある、ってことね」と勘違いしそう！

正しくは、「**検察官の主張に疑いがある**」の意味なのですが、なぜそれが〝**合理的**〟などというよくわからない言葉になってしまったのでしょう。

実は、明治時代に西欧の法体系を取り入れたとき、無理やり直訳したせいでそのときにヘンテコな法律用語がたくさん誕生してしまったのです。

〝合理的〟もその1つ。もともとの言葉は「リーズナブル」でした。「リーズナブルなお値段」とか、今ではよく使われますが、「理にかなっている」「正当な」という意味ですね。それが当時〝**合理的**〟と翻訳されたのです。理に合う……とか？　本当は「検察官の主張には、常識的に考えて疑問がある」といいたいはずなのに、意味不明の言葉になってしまいました。

しかも、それが今の今まで変わることなく、延々と使われ続けてきたのですから、法廷用語は国宝級かも!?

よく日本の法の世界が「ガラパゴス的状況」といわれるのは、イグアナなどのように外の世界に触れることなく、独自の進化を遂げてきたため。

法の世界もこれまでは一般市民のいる下界から切り離されていたせいで、言葉だけは昔と変わらず生き続けてきたのです。

日本人は「徹底的に議論して改革もいとわない」というよりは、「言えば角がたつ。沈黙は金」の傾向があるせいか、「なにごともお上まかせ」「逆らうなど、めっそうもない」で100年経過……、だったのかもしれません。

それが裁判員制度の導入をきっかけに「法廷用語をわかりやすい言葉に変えていこう」と取り組みはじめたのは、本当に画期的なことだと思います。

合理的な疑い
反抗の抑圧
だれかー
通訳のひとー

8 量刑の判断が難しそう

たしかに、法律の知識のない素人には刑の基準すらわかりませんよね。でも、これまで行なわれてきた裁判員裁判では、裁判官から「私たち職業裁判官だけだったら、あのような判決に至らなかったかもしれない」との声も多かったそうです。

今までの判例より刑が重くなっていたり、逆に保護観察《ほごかんさつ》のついた執行猶予《しっこうゆうよ》*だったり、量刑には、裁判員の意見が大きく反映されているものと考えられます。

「50歳までに刑務所から出られたら、社会復帰もできるのでは?」「その程度のトラブルで人を殺すなんて! とても他人事とは思えない。安心して暮らせる社会のために厳罰を!」といった裁判員の本音も、判決には見え隠れしています。

被告人の今後の更生や、社会への影響を考えながら、被告人の〝その後〟に焦点を当てた判決が増えたのも、市民の感覚が入ってきた証拠です。

これまでの判決内容から見ると、要は「裁判員が被告人の気持ちや行動に納得できるかどうか」で量刑の判断がされているのではないでしょうか。プロである裁判官の見解も参考にして、一般市民としての常識で審理《しんり》する。それでいいと思いますよ。

*
保護観察つきの執行猶予になると、保護監察官や保護司の監督するなか、刑務所ではなく社会で暮らせることになります。

9 量刑の判断にかかわる「基本的な法廷用語」とは？

裁判の法廷用語は、例えていうなら、年配の人が「えもんかけ」と言っても若い人にとっては「洋服ハンガー」のことだとはピンとこないように、若い人がズボンのことをごく当たり前に「パンツ」と言っても、年配の人は「下着」かなと思うように、わかるようでわからない。法廷用語は「みんなが普通にわかる日本語」とはいえないのです。

誰にでも理解できる裁判員裁判にするため、わかりやすい言葉に置き換える取り組みはしています。とはいえ、今までずっと当たり前のように使ってきた言葉ですから「一般市民だって、この言葉くらいはわかるはず」との認識でさらりと普通に使われるかもしれません。

しかもテレビや新聞でよく使われるコトバだと、なんとなくわかっているような錯覚に陥りがちですが、実は「あれ？　これってそういう意味だったの〜？」と目からウロコの〝正解〟が隠されている場合が！　そこで、量刑を判断する際によく使われる基本的な法廷用語の意味をご紹介しておきましょう。

『情状《じょうじょう》』

刑を決めるために考慮される〝事情〟のことです。ドラマなどで「情状酌量《じょうじょうしゃくりょう》によって減軽《げんけい》*」と聞いたことがあるはずです。「被告人にはいろいろ事情があるから」と、判決で刑が軽くなることですね。これを酌量減軽《しゃくりょうげんけい》といい、被告人にとっては有利な情状になります。でも、情状って被告人にいいことだけではないんですよ！「こんなに被害者を苦しめて、悪質きわまる」とかいう場合、被告人に不利な事情にも、〝情状〟という言葉が使われるんです！

日本語？……ですよね

酌量減軽を求めます
しゃくりょう……？
何？どういう意味？
チラッ
みんなわかっているのかしら？
よかった
わからないよねー
何ですと？
ええ？

*
減軽とは、刑を言い渡す時に、法律上の理由や裁判官の判断で刑を軽くすること。減刑ではありません。減刑は、裁判で言い渡された刑が軽くなることで、刑務所から早く出てこられたりすることです。まあ、恩赦みたいなものです。

『故意《こい》』

みなさんも「故意でやった」とか、よく聞くことがあるでしょう。裁判では、被告人が「犯罪を行なう意思があったかどうか」で量刑が変わります。「本当は殺すつもりなんて、なかったんだ！」となれば、それは**過失致死《かしつちし》**。過失は過失でも**認識ある過失**と**認識なき過失**とがあり、危険なことだとわかっていたか、まったくの不注意だったかで判断がわかれます。「初めから殺そうと思っていた」となれば、**確定的故意《かくていてきこい》**（殺意）。当然、罪は重くなります。

ややこしいのが**未必《みひつ》の故意《こい》**（殺意）。「殺すつもりはなかったんだけど、もし死ぬなら死んじゃってもいいかなと思った」なんてケースに使われる言葉で、**確定的故意《かくていてきこい》**よりは罪が軽くなります。

「これは未必の故意で、確定的故意とは違います」などと法廷で聞いても「えっ、密室の恋？」と絶句しないように！

被告人には
ミヒツのコイが…
えっ
密室の恋？
えっ
秘密の恋!?
おちついて
「未必の故意」
ですからね

『緊急避難《きんきゅうひなん》』

「この言葉なら知ってるよ〜！」といったあなた。意味がね、日常語とはちょっと違うんです。例えば、包丁をもって追いかけてきた人から逃げる途中で、通行人を突き飛ばしてしまって、その通行人が死んでしまったというとき、それが「〝緊急避難〟だったかどうか」を審議します。

正当防衛《せいとうぼうえい》は向かってきた当人をやっつけちゃうことですが、**緊急避難**はまったく無関係の人を巻き添えにしてしまうこと。誰かの危険な行為から身を守るため、ほかの第三者に被害を与えてしまうことなんです。「お隣が火事になったので、危険を感じて緊急避難」というのとは大違いでしょう。

なお、「細い道だったので、通行人を突き飛ばすしかなかった」などと、ほかに逃げる方法がなかったなら緊急避難で無罪。「広い道だし、通行人をよけることもできたんじゃない？」と考えられる場合は、**過剰避難《かじょうひなん》**として罰せられます。

『責任能力《せきにんのうりょく》』

例えば、人を殺めた被告人なのに、「犯行時の被告人は、精神に異常をきたしていたため無罪」と聞いて、なんとなく釈然としない思いを抱いたことはありませんか。

法律では、被告人に**責任能力**がなければ無罪になるのです。

刑法には、「責任を問える人だけ処罰する」という原則があり、責任能力があれば処罰の対象となります。裁判でも「責任能力があるかどうか」が争点になるんです。自分が何をやったのかもわからず、反省もできない精神状態の人を刑務所に入れても「ムダムダ」というかんじでしょうね。

精神の障害で、善悪の判断がまったくできない状態や、自分の行動をまったく抑えることができない状態を**心神喪失《しんしんそうしつ》状態**、それがきわめてヒドイ状態にある人を**心神耗《しんしんこう》弱《じゃく》**といいます。

法廷コトバの豆知識

『責任無能力《せきにんむのうりょく》』

責任能力がないという意味です。これも奇妙な言葉ですよね。そのウンチクをひも解けば……。気力のないことは「無気力」といいますが、同じように「無」と「責任」をくっつけると〝無責任能力〟になってしまいます。でもこれでは「無責任である能力」に見えちゃうので、「責任」と「能力」の間に「無」を入れたようです。〝無能力〟っていうのもしっくりきませんけどー。

はてなのコトバ

国語辞典は無視？「日常語と違いすぎ〜！」

法廷用語には日常語と意味の違う言葉がたくさんあり、緊急避難《きんきゅうひなん》（152ページ）はその代表格ですが、なんといっても「こんなに違うで賞」のトップにおどり出るのは〝善意《ぜんい》〟と〝悪意《あくい》〟！

法律でいう善意は、ある事実を知らないことで、悪意はある事実を知っていること。善悪の「心情」ではないのです。

例えば、友人からもらった時計が、実は友人の弟のものだと知らずに使っていた場合。法律では、知らなかったという善意で過失がないとされ、返さなくていいことに！　一方、知っていて使っていたなら悪意とみなされ、友人の弟に返す義務が生じます。法律では道徳的な価値判断は含まず、知っていたか知らなかったかが問題なのです。

このヘンテコなコトバは、「悪気があったわけではない」という外国語の解釈が善良、誠実という言葉につながり、そして善意、悪意という法律用語に翻訳されたようです。

善意と悪意

被告人はAさん所有の空き家に無断で居住し…
だって空き家だと家が荒れるし善意の気持ちからです
ふんふん善意の気持ちなら罪にはならないな
他人のものと知っていて占有していたとは〝悪意〟とみなされ
ひっ、悪意〜!?
こわっ

ちょっと寄り道

裁判を見て聞いて

責任能力の判定が悩みどころ

責任能力が問題になった裁判員裁判を、傍聴する機会がありました。被告人は、アスペルガー症候群の独身女性（27歳）です。

アスペルガー症候群とは、コミュニケーション能力や興味・関心が特異ではあるものの、知的障害のない発達障害です。勉強も言葉遣いも普通にできますがおかしな行動が目立つため、10年ほど前までは「常識がない人」「変わっている人」として見られるだけでした。今はある種の脳の障害として診断されるようになり、最近は一般の学校でもアスペルガー症候群の生徒が増えているといわれています。

そのアスペルガー症候群の被告人は大学を中退したとはいえ、合格するだけの学力があったようです。幼い頃に両親が離婚しており、家族との確執から自宅に放火した罪で裁判にかけられました。実は、彼女はそれ以前にも窃盗罪《せっとうざい》で逮捕されたことがあり、そのときは執行猶予つきの有罪判決を受けていたのです。

なんと、彼女は刑務所に入りたかったのだとか！　刑務所に入れば、口うるさい父親や同居している伯母から離れられる。刑務所では資格も取れて、出所時にはお金をもらい、就職の世話までしてもらえるというのです。

そして「せっかく窃盗したのにクソ弁護士のために執行猶予になった！」と息巻くひとコマも。誰が見ても〝ヘンなヒト〟です。今回担当になった弁護士は「それは私ではなく、前のときの弁護士ですよね〜」と絶妙な受け答えでかわしていましたけどね。

弁護人のねらいは、被告人とのやりとりを裁判員に見てもらい、「ほら、被告人はやっぱりどこかヘンでしょう」と心神の異常を訴えるものでした。たしかに、全焼した家の写真を見つめる彼女の目はうれしそうにランランと輝かせるなど、言動のすべてがおかしいと感じられます。

しかし証人として出廷した精神科医師の鑑定人は「心神耗弱《しんしんこうじゃく》は認められず、責任能力あり」との見解でした。「え、そうなるわけ？」というのが、私の正直な感想です。奇行は目立つけれど知能に欠陥がないからでしょうか。

精神鑑定は、統合失調症《とうごうしっちょうしょう》（昔は精神分裂症といわれていました）の基準に照らし、犯行の態様（ようす）、犯行の動機、犯行の計画性、犯行の一貫性等というそれは細かな法律的な分析から行なわれます。これは80年前に定められた鑑定基準。10年前に新しい病気として認知されたアスペルガー症候群には、まったく当てはまりません。

判決は、懲役3年6か月でした。う〜ん。こんな人を刑務所に入れても、4

年弱で反省して更正できるものなのでしょうか。社会に出たら、また同じことを繰り返すのではと思ってしまいます。こういう人には刑務所に入れる懲罰《ちょうばつ》より、入院治療じゃないか？と思うのですが……。

精神鑑定医も裁判慣れした「御用鑑定人」よろしく、法律に照らし合わせた独特の見解だけ述べるのはいかがなものか、と感じた次第。ふだん患者さんと話すような調子でもっとわかりやすく説明して、判断は裁判官や裁判員にゆだねるべきではないでしょうか。

この責任能力の判定は、今後の裁判員裁判でもよく出てくると思います。健常人のようで、そうじゃない精神の病気があることも裁判員は知っておいたほうがいいかもしれませんね。

法廷コトバの豆知識

『〝能力〟コトバあれこれ』

責任能力《せきにんのうりょく》に限らず、法律家は「能力」というコトバがお好きなようです。例えば、**証拠能力**は、法廷で証拠として取り調べができること。**行為能力**《こういのうりょく》は、権利・義務をもつための行為を1人で完全にできる能力。**意思能力**《いしのうりょく》は、物事を判断し、それにもとづいて意思決定できる能力なんだそう。「高い能力を買われ……」のような一般人の使う意味合いとは違うんです。

10 守秘義務って、どこまでなら言っていいの？

裁判員に対する守秘義務に関しては「よくわからない」との声も多く聞かれますので、少し詳しくご説明しましょう。

守秘義務とはいえ、すべてを話すなということではありません。家族や友人、会社の人など、一部の人に裁判員になったことを話してもまったく問題はなく、法廷で見聞きしたことや、感想を述べることもＯＫです。なにしろ、法廷は公開されているものですからね。

これに対し、裁判員に禁止されているのは「**評議**《ひょうぎ》**の内容**」です。個々の裁判員や裁判官がどのような意見だったたか、評決をしたときの数や議論された内容は、話してはいけません。また、裁判での証拠調《しょうこしら》べから知った個人情報、裁判員の氏名や個人情報を話すことも禁じられています。これは、裁判員が自由に発言できるようにという意図で、実は、裁判員の保護につながるからです。

私個人としては「評議の内容をある程度は公開してもいいのでは？」と考えています。「誰の意見は」と個人名を出さずに「評議でどのような意見が出たか」くらいは知らされてもいいと思うのです。なぜなら、そのほうがいらぬ憶測を生まずにすむからです。「裁判官が一方的に従来型の判決を主張したのでは？」「もしや裁判員の意見が反映されなかったのでは？」など国民から痛くない腹を探られるより、「裁判員の一部からはこんな意見も出ましたが、この結論に達しました」といわれたほうが見ている側も自分なりに評価を下せますよね。「その意見は却下されても仕方がなかったな」とか、「妥当な結論だけど裁判員も自由に発言できたんだな」とか。

裁判員にもいろいろな人がいて、守秘義務を守れない人もいずれ出てくるはずです。「人の口に戸をたてられない」としたら、そういう規則は最初からないほうがいい。ちなみに、アメリカでは裁判が終わったあとなら陪審員は何を話してもいいことになっています。アメリカならではの現実的な判断基準かもしれません。

ちょっと
ちょっと
あなた、この前
裁判員を
やったんだって？
そうなのよー
裁判官は有罪
って言ったんだけど
あたしはねー
オクサン
しゃべっちゃ
だめよ

11 アメリカの陪審裁判と日本の裁判員裁判はどう違う？

アメリカの**陪審制度**《ばいしんせいど》はアメリカの産物ではなく、イギリスに古くからあった陪審制度を踏襲したものです。「自分たちの仲間が裁かれる裁判は、イギリス国王が派遣した裁判官でなく自分たちで裁くべき」という独立精神旺盛な主張が、アメリカの陪審裁判の原点となっています。〝脱〟植民地支配を目指したのでしょう。

アメリカでは、無作為で選ばれた市民が刑事訴訟や民事訴訟の審理をし、裁判官が加わらない評議で**「有罪か無罪か」**だけを判断します。そこで無罪と判断されたら、その裁判は終了。もし有罪となれば、陪審員ではなく裁判官が量刑を決めます。

日本の裁判員裁判では、裁判員が量刑まで決めなくてはいけないので、アメリカの陪審裁判のほうが判断はラクかもしれません。

2010年1月、あのオバマ大統領宛てにも「陪審員に選出されました」との通知がきたとか。辞退が認められている〝公務多忙〟の理由でお断りになったそうです。

アメリカの陪審裁判では、被告人が「裁判官による裁判にするか、陪審員による裁判にするか」を自分で選ぶ権利があります。「自分の主張を一般市民に訴えたほうが無罪になる確率が高い」と被告人が判断すれば陪審裁判を選び、「市民感情を考えると自分に不利な判決が下りそう」と考えたら、裁判官による裁判を選ぶはずです。日本の裁判員裁判は重大な刑事事件が対象になりますが、アメリカでは民事訴訟《みんじそしょう》も陪審裁判で審理《しんり》されます。これが企業にとっては悩みの種。

少し前に、雨の日の散歩で濡れたペットを乾かそうと電子レンジにかけたら死んでしまい（当たり前！）、メーカーを訴えた裁判がありました。結果は「ペットを電子レンジで加熱しないこと」という注意書きがなかったとして、メーカーの敗訴《はいそ》に！「そんなことが日本でもあったらたまらん！」と、企業側の反対があったのかどうかはともかく、日本では民事訴訟や軽犯罪は裁判員裁判で扱わないことになりました。人と人とのもめごとなど、民事事件のほうが市民感覚を反映しやすいんですがね。

ちょっと寄り道

裁判を見て聞いて

裁判のなかで赤字をいれるなら

裁判員裁判を傍聴していると、裁判の中身はもちろん注視しているものの、どうしても私の専門分野である法言語のほうが気になってしまいます。例えば「**あいまい**に断ろうとした」なんて聞くと「あやふやな返事をした」とか「どっちつかずの煮え切らない態度をとった」のほうがピンとくるんじゃないか？とツッコミを入れたくなるわけです。職業柄、どうしても添削したくなりまして（笑）。

裁判ではよく、弁護人が「公訴《こうそ》事実《じじつ》に関しては**争い**がない」「情状に関して争う」といいますが、一般人は「これって何を争うの？」と思うはずです。普通、〝争う〟は敵対するという意味で使われるので、「自説を通そうと議論する」ことだとの発想には結びつきません。

そもそも「**情状**＊（150ページ）」という法廷用語自体、一般市民は「情状酌《じょうじょうしゃく》量《りょう》」としか思い浮かばないのではないでしょうか。

被告人が共犯だったという裁判では、「**共謀**《きょうぼう》」という法律用語を裁判員にわかりやすく伝えるためか、「共犯者と一緒になって強盗をしようと気持ちを通じ合

＊
情状は、被告人に「不利な事情」としても使われます。

わせた」と説明していました。

でも、これもちょっと奇異な表現方法です。「気持ちを通じ合わせる」と聞けば、どこか〝魂の部分〟でつながるイメージが伴います。強盗の謀議には向かない言葉ですよね。

さらに、被告人の「前科《ぜんか》」や「前歴《ぜんれき》」（17ページ）では、弁護人が「前歴はあるが、前科はない」と主張しても、市民にとっては同じようなもの。「とにかく、過去にも悪いことをした人」としか映りません。

はたまた「強盗《ごうとう》するのではなく、窃盗《せっとう》だと思っていた」（28ページ）なんて言われても、その違いがわからない人も多いはず。市民には「似たような言葉でも、違う意味がある」ことをきちんと説明すべきでしょう。評議の場でその説明がされているのかどうか、少し不安も残ります。

裁判全体を通して見れば、まず検察官も弁護人も、事件の説明で調書《ちょうしょ》などを読み上げる時間が長すぎます！　ある裁判員裁判では、検察官の冒頭陳述《ぼうとうちんじゅつ》が25分。弁護人の冒頭陳述15分。証人の供述調書《きょうじゅつちょうしょ》、3人分を20分ずつ。しかも、これはどれも同じような内容で、聞いているほうはウンザリしてきます。

そして被告人への主尋問《しゅじんもん》（135ページ）が45分。被告人の供述調書と同じことをダラダラと尋問し、市民は「供述調書を読む意味ってないのでは？」と思うはず。プロである裁判官は長年の経験から、同じような内容でも「この部分が違っている」と、かぎわけることができますが、素人は眠気と闘う時間になりそうです。人間の集中力って、15分くらいが限度なのでは？

ちなみに、私も傍聴しながら必死に眠気と闘っていた頃、隣で傍聴していた新聞記者は裁判の最初から終わりまで、休むことなくペンを動かしていました。法廷には録音機械やパソコンは持ち込めませんから、裁判でのやりとりは手書きしていくしかありません。それをすぐさま原稿にして翌朝の新聞記事にするわけですから、職業とはいえ、すごいですよねえ。

次にいきます！

裁判官の質問にも「なんでこんなことを長々と聞くんだろう」と疑問に感じていました。例えば「あなたが住んでいた家は、今はどうなっているんですか」「今は誰が家賃を払っているんですか」「雇われ店長だったんですか」と、事件に関係ないようなことまでいろいろと聞くんです。

しかし、このナゾはあとで解けました。裁判官の質問は判決文を書くときの参考にしているんです。被告人が「今はそのアパートに誰も住んでいませんが、彼女が家賃を払ってくれています」と言えば、そのアパートの住所が「住居」として記載され、そのアパートを引き払っていれば「住所不定」となります。飲食店の雇われ店長でも、歩合制の報酬なら職業が「飲食店経営」となるわけです。

裁判員の質問は、事件のストーリーの不足分を補うためであるのに対し、裁判官の質問の多くは、判決文に結びつけるものだったんです。

とかく裁判というものは、検察官も弁護人もお互いに〝言いっぱなし〟の状態で続けられます。つまり、検察官が「被告人はこうだった。こんな悪いこともした」と立て続けに述べたあとで、今度は弁護人が「こういうことはなかった」「そうではなかった」と否定する言葉を延々と述べます。一般市民には、検察官が言ったどの部分に対して反論しているのか、その関係性がつながりません。

もしこれを「先ほど検察官は●●と言いましたが、そういうことはありません」と関連づけて言ってもらったら、双方の主張の違いだってわかるというもの。実は、以前そういう提案を法律家のみなさんに投げかけたところ、全員が「そんな言い方をしたらケンカになってしまいます。自分の主張はそういう意味でないと、細かい点を取り沙汰する反論が延々と続いてしまうからだめ」と一蹴されてしまいました。

厳粛な法廷の場を、ガチンコムードにはしたくない？　しかしなあ……。

ついでに、私がおもしろく感じたのは法廷で交わされた言葉のアクセントです。北関東では上から下がる頭高型アクセントなので、「証人《しょうにん》」が「え、商人？　それとも上人か？」と混乱するんですよ。地元の人なら、まーったく問題なしなんですがね。

睡魔と闘う時間

12 裁判員裁判に思うこと

法言語学の研究者として、裁判用語に対してはこれまで多くの疑問点を投げかけてきた私ですが、裁判員裁判には大いなる期待をもって見つめています。

この制度がスタートする前、各方面でさまざまな準備や取り組みがなされたことが実際の成果として現われているのではないでしょうか。

ただし、改善すべき点もたくさんあるように思います。

弁護士は、捜査資料など多くの「**事実**（144ページ）」をもとに弁護していますが、市民は納得のできる「**物語**」を追っています。弁護側が被告人に有利な点を裁判員に示さないと、裁判員は検察側の「物語」をもとに「事実」として判断してしまうはず。検察側の主張を「**真実**」だと誤解してしまう可能性も大です。弁護人には不利な状況も承知していますが、もうひと工夫がほしいと期待してエールを送るとしましょう。

報道を見ますと、これまで裁判員を経験された方たちの率直な感想が述べられています。やってよかったという感想が多いなか、改良してほしいという問題点も挙げられているようです。

「裁判員候補をたくさん選びすぎなのではないか」という声もあります。これは、裁判員の選任手続きで不選任の人が多いため、呼び出す人数をもう少し減らしてもよいという意見。法曹三者で、裁判員候補のなかから「理由なき不選任*」が決められる点も納得できない方がいたようです。

また、選任手続きと審理《しんり》開始の間に数日あれば、仕事の段取りなどをつけやすいという意見にはうなずけます。主婦だって食事の下準備などができますからね。

そのほか、審理の時間が短く、考える時間がもっとほしかった。証人尋問《しょうにんじんもん》と被告人質問は一度ずつしか行なわれず、あとで聞きなおす機会がなかった、などなど。

こういうさまざまな意見が出ること自体、一般市民が「裁判員裁判をよりよいかたちにしていこう」という前向きな意思のあらわれだと思います。

裁判員制度を支えていくのは、法律家だけではなく、市民もその重要な一員です。市民は、法律家に「やってほしいこと」を要求するばかりでなく、自分から主体的に取り組むという意識も必要なのではないでしょうか。積極的に裁判に参加して、市民ならではの感覚を提言することが裁判業界に一石を投じる布石となると思います。

*
裁判員候補者は、選任手続きの前に裁判官と面接をします。その場には検察官と弁護人が立ち会い、面接の様子を見ながらそれぞれが最大7人まで裁判員の「不選任」を求めることができます。自分側に不利な判決を下しそうな人を外すことも可能というわけです。不選任の理由を示さなくていいことから、「**理由なき不選任**」といわれています。

それぞれの憂うつ

裁判官

控訴するとはねえ
ハァ

検察官

なにっ
無罪判決？

弁護士

求刑通りの判決かよ〜

裁判員

これを言ったら
守秘義務違反？
カシャ
カシャ

◎参考文献

最高裁判所　裁判員制度資料集
裁判おもしろことば学（大河原眞美著：大修館書店）
裁判官の仕事がわかる本（法学書院）
検察官の仕事がわかる本（法学書院）
弁護士の仕事がわかる本（法学書院）
市民から見た裁判員裁判（大河原眞美著：明石書店）
法律用語辞典（有斐閣）
現代用語の基礎知識２０１０（自由国民社）
裁判員時代の法廷用語（三省堂）
司法通訳（渡辺修、水野真木子、長尾ひろみ：松伯社）

あとがき

読者の皆様には、本書をお読みいただきましてありがとうございました。

多くの方にとって、裁判所だけでなく法曹界の方々も縁遠い存在だったのではないでしょうか。かつての私がそうであったので、裁判ギョーカイが少しでも身近に感じられるようになればと思って書いたのがこの本です。

裁判員制度については、反対している弁護士や法律学者も少なくありません。しかし実際には裁判員をやりたくないと言っていた人も、裁判員を務めると「やってよかった」との感想が多く、全体的にはうまくいっているように思います。

法廷で使われるコトバが奇妙なのは、これまで市民が法廷に参加することが実質的になかったからです。それが裁判員制度の導入により、難解な法廷用語をわかりやすくする工夫が見られ、ギョーカイの「変わろうとする」姿勢も強く感じます。裁判所の敷居が格段に低くなってきたことも大きな変化でしょう。

また、裁判官や検察官や弁護士の仕事や生活もこれまではベールに包まれていましたが、裁判が市民に開かれたことでその世界も少しずつ見えてきました。読者の皆様も法曹界を垣間見ることにより、裁判員裁判への関心が増すのではないでしょうか。

ところで、平成21年は私にとってはこれまでにないほどの忙しい年でした。大学評価関連の書類作成、裁判員制度開始の年の勢いにのって「法と言語学会」の設立、新型インフルエンザの流行による入試の再試験の作成・実施の管理・運営、さらに法人化の準備の仕事も加わり、毎日が自転車で走り続けているようでした。このようななかで、本書の出版ができたのは清流出版の長沼里香さんと、浅野祐子さんのお力です。月刊『清流』に平成21年9月号から12月号まで連載された「知っておきたい裁判用語」の取材で、お茶を飲みながら「法曹界のコトバもおもしろいけど、それを使っている方々も興味深いのよ」と、長沼様や浅野様に話したよもやま話が本書出版のきっかけになりました。心よりお礼申し上げます。最後になりましたが、拙著『裁判おもしろことば学』を読まれて法律用語についてのご意見（「原告と被告とを離婚する」）を下さった鈴木泰久様、また本書を出版して下さいました清流出版社長・加登屋陽一様にも感謝申し上げたいと思います。

大河原眞美

profile

大河原眞美

おおかわら・まみ

高崎経済大学教授・大学院地域政策研究科長。日本弁護士連合会 裁判員制度実施本部法廷用語の日常語化に関するプロジェクトチーム外部識委員。わかりやすい司法プロジェクト座長。家事調停委員。上智大学外国語学部英語学科卒業。ウィスコンシン大学マディソン校文学修士。シドニー大学文学博士。法言語学の観点から裁判の研究を行なっている。主な著書に『市民からみた裁判員裁判』『裁判から見たアメリカ社会』『裁判おもしろことば学』などがある。

装丁・本文設計――――――――――宮坂佳枝

編集協力――――――――――――浅野祐子

みんなが知らない
“裁判ギョーカイ”ウラ話

2010年7月14日［初版第1刷発行］

著　者　大河原眞美

発行者　加登屋陽一

発行所　清流出版株式会社
東京都千代田区神田神保町 3-7-1
〒101-0051
電話 03-3288-5405
FAX 03-3288-5340
振替 00130-0-770500
〈編集担当・長沼里香〉
印刷・製本　藤原印刷株式会社

乱丁・落丁本はお取替えいたします。
ISBN978-4-86029-328-4
http://www.seiryupub.co.jp/

清流出版の好評既刊本

危険！薬とサプリメントの飲み合わせ

千葉大学名誉教授
佐藤哲男

あなたの薬の飲み方は間違っている！

飲み合わせ次第では、
出血が止まらない、
カルシウムの異常増加、
薬効の半減、
痙攣・吐き気、
血圧低下など、
薬が毒に変わる
症例も多数紹介。

定価（本体一三〇〇円＋税）　清流出版

四六判並製　208頁　定価1,365円